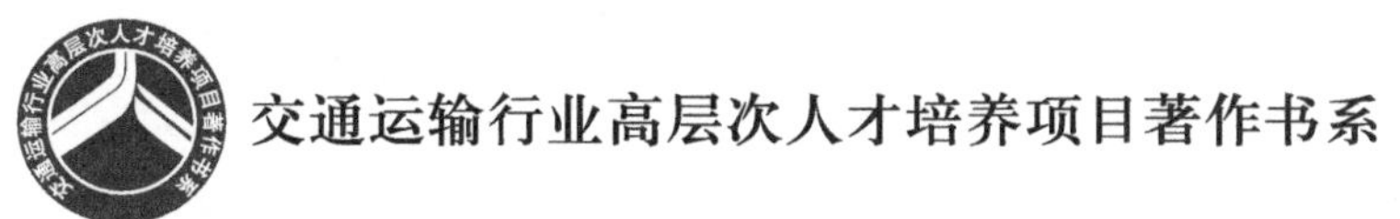

张军　著

桩承式加筋路堤固网技术理论与应用

Theory and Application of Fixed Geosynthetic Technique in Geosynthetic-Reinforced and Pile-Supported Embankment

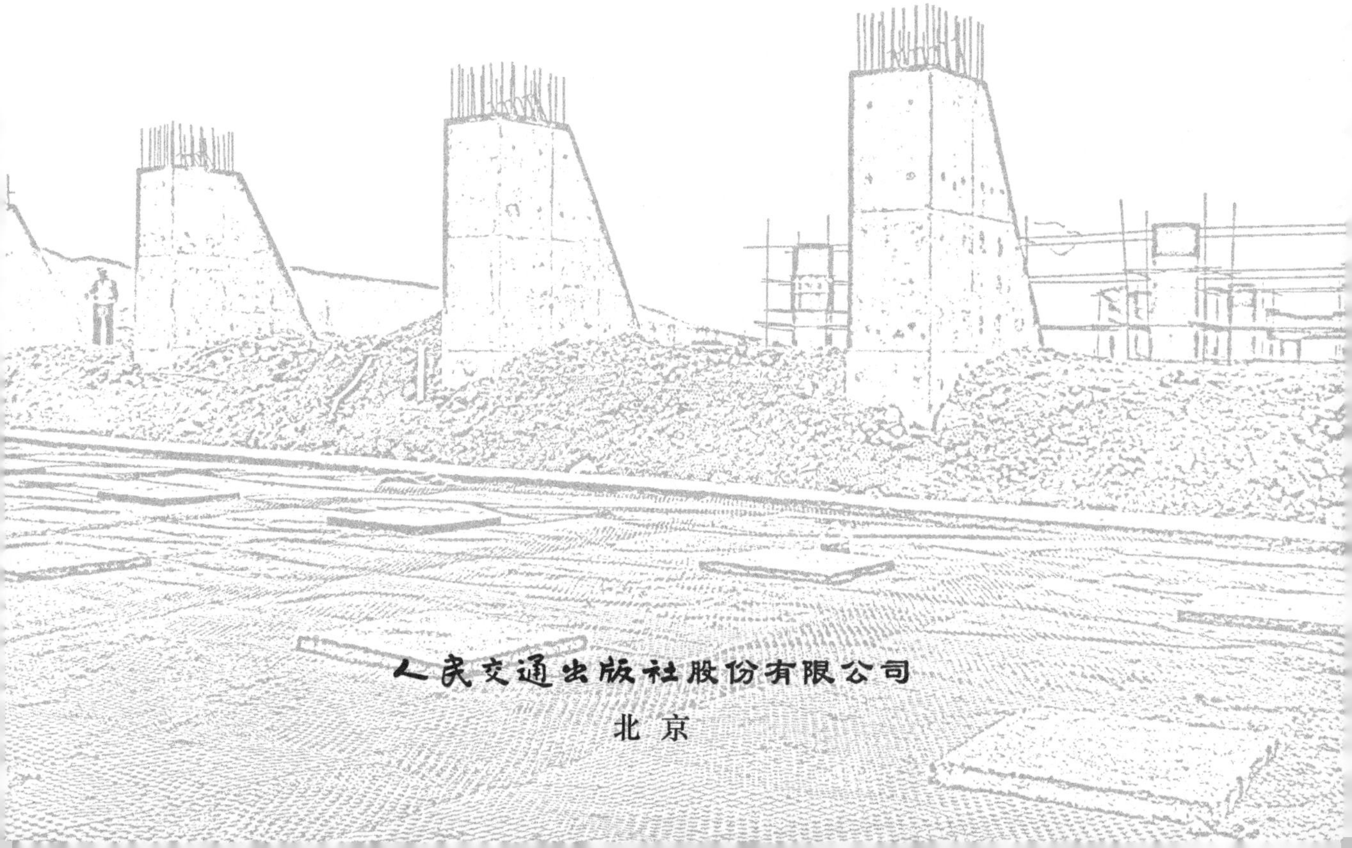

人民交通出版社股份有限公司
北京

内 容 提 要

本书针对桩承式加筋路堤传统技术的不足，通过对比分析桩承式加筋路堤传统技术和桩板结构技术的结构特性，提出了一种新型地基处理技术——桩承式加筋路堤固网技术。本书从理论研究、试验研究和数值模拟3个方面对固网技术进行了系统研究：采用离散元法对固网技术承载特性进行了细观分析，采用有限元法和两阶段法分析了固网技术承载能力和约束侧向变形能力的作用机理；分析了固网技术中筋材-桩体-桩间土在路堤荷载作用下的荷载传递机理，根据位移和应力连续条件，采用有限差分法提出了固网技术的理论计算方法；通过现场试验对桩承式加筋路堤固网技术与传统技术进行了对比分析，研究了随路堤荷载的增加两种工况下地基沉降、侧向位移、筋材上下表面土压力以及筋材变形的变化规律；通过数值模拟分析了桩承式加筋路堤固网技术的工作特性和时效性，揭示了固网技术中路堤沉降、差异沉降、侧向位移、筋材轴力和超孔隙水压力随时间的变化规律。

本书可供从事公路、铁路和水利工程科研、设计、施工和管理的相关人员参考和借鉴。

图书在版编目(CIP)数据

桩承式加筋路堤固网技术理论与应用 / 张军著.—
北京 ：人民交通出版社股份有限公司，2022.5
ISBN 978-7-114-17929-7

Ⅰ.①桩… Ⅱ.①张… Ⅲ.①路堤—地基处理—研究
Ⅳ.①U416.1

中国版本图书馆CIP数据核字(2022)第068406号

交通运输行业高层次人才培养项目著作书系
Zhuangchengshi Jiajin Ludi Guwang Jishu Lilun yu Yingyong

书　　名：**桩承式加筋路堤固网技术理论与应用**
著 作 者：张　军
责任编辑：牛家鸣
文字编辑：卢　珊
责任校对：孙国靖　扈　婕
责任印制：刘高彤
出版发行：人民交通出版社股份有限公司
地　　址：(100011)北京市朝阳区安定门外外馆斜街3号
网　　址：http://www.ccpcl.com.cn
销售电话：(010)59757973
总 经 销：人民交通出版社股份有限公司发行部
经　　销：各地新华书店
印　　刷：北京建宏印刷有限公司
开　　本：787×1092　1/16
印　　张：8
字　　数：195千字
版　　次：2022年6月　第1版
印　　次：2022年6月　第1次印刷
书　　号：ISBN 978-7-114-17929-7
定　　价：70.00元
(有印刷、装订质量问题的图书由本公司负责调换)

交通运输行业高层次人才培养项目著作书系
编审委员会

书系前言

Preface of Series

进入21世纪以来，党中央、国务院高度重视人才工作，提出人才资源是第一资源的战略思想，先后两次召开全国人才工作会议，围绕人才强国战略实施做出一系列重大决策部署。党的十八大着眼于全面建成小康社会的奋斗目标，提出要进一步深入实践人才强国战略，加快推动我国由人才大国迈向人才强国，将人才工作作为“全面提高党的建设科学化水平”八项任务之一。十八届三中全会强调指出，全面深化改革，需要有力的组织保证和人才支撑。要建立集聚人才体制机制，择天下英才而用之。这些都充分体现了党中央、国务院对人才工作的高度重视，为人才成长发展进一步营造出良好的政策和舆论环境，极大激发了人才干事创业的积极性。

国以才立，业以才兴。面对风云变幻的国际形势，综合国力竞争日趋激烈，我国在全面建成社会主义小康社会的历史进程中机遇和挑战并存，人才作为第一资源的特征和作用日益凸显。只有深入实施人才强国战略，确立国家人才竞争优势，充分发挥人才对国民经济和社会发展的重要支撑作用，才能在国际形势、国内条件深刻变化中赢得主动、赢得优势、赢得未来。

近年来，交通运输行业深入贯彻落实人才强交战略，围绕建设综合交通、智慧交通、绿色交通、平安交通的战略部署和中心任务，加大人才发展体制机制改革与政策创新力度，行业人才工作不断取得新进展，逐步形成了一支专业结构日趋合理、整体素质基本适应的人才队伍，为交通运输事业全面、协调、可持续发展提供了有力的人才保障与智力支持。

“交通青年科技英才”是交通运输行业优秀青年科技人才的代表群体，培养选拔“交通青年科技英才”是交通运输行业实施人才强交战略的“品牌工程”之一，1999年至今已培养选拔282人。他们活跃在科研、生产、教学一线，奋发有为、锐意进取，取得了突出业绩，创造了显著效益，形成了一系列较高水平的科研成果。为加大行业高层次人才培养力度，“十二五”期间，交通运输部设立人才培养专项经费，重点资助包含“交通青年科技英才”在内的高层次人才。

人民交通出版社以服务交通运输行业改革创新、促进交通科技成果推广应用、支持交通行业高端人才发展为目的,配合人才强交战略设立“交通运输行业高层次人才培养项目著作书系”(以下简称“著作书系”)。该书系面向包括“交通青年科技英才”在内的交通运输行业高层次人才,旨在为行业人才培养搭建一个学术交流、成果展示和技术积累的平台,是推动加强交通运输人才队伍建设的重要载体,在推动科技创新、技术交流、加强高层次人才培养力度等方面均将起到积极作用。凡在“交通青年科技英才培养项目”和“交通运输部新世纪十百千人才培养项目”申请中获得资助的出版项目,均可列入“著作书系”。对于虽然未列入培养项目,但同样能代表行业水平的著作,经申请、评审后,也可酌情纳入“著作书系”。

高层次人才是创新驱动的核心要素,创新驱动是推动科学发展的不懈动力。希望“著作书系”能够充分发挥服务行业、服务社会、服务国家的积极作用,助力科技创新步伐,促进行业高层次人才特别是中青年人才健康快速成长,为建设综合交通、智慧交通、绿色交通、平安交通做出不懈努力和突出贡献。

交通运输行业高层次人才培养项目
著作书系编审委员会
2014 年 3 月

作者简介

Author Introduction

张军，正高级工程师，工学博士，博士后。现任山西交通科学研究院集团有限公司副总经理、总工程师，黄土地区公路建设与养护技术交通行业重点实验室副主任、黄土力学与工程山西省科技创新团队负责人，中国科协“十大”代表。入选交通运输行业中青年科技创新领军人才、国际公路交通科技领军人才、青年三晋学者、山西省青年拔尖人才、“三晋英才”支持计划拔尖骨干人才等人才计划，荣获山西省优秀共产党员、中国公路青年科技奖、湖北省优秀博士学位论文等荣誉称号。兼任 WTC-特殊地区路基技术委员会联合主席、中国土工合成材料工程协会理事、中国公路学会工程地质与岩土分会理事、中国土工合成材料工程协会青年工作委员会副主席、中国公路学会青年专家委员会委员等。

张军扎根黄土地区，紧密围绕沟壑纵横，塬、墚、峁广布的地形地貌特点和结构性显著、水敏性强烈的黄土特性，开展“黄土工程(路基、边坡、隧道)灾变控制理论与技术”研究，提出并取得了系列创新成果。主持或参与国家/省部级科研项目 20 余项，其中主持交通运输部重大专项 1 项、国家自然科学基金 1 项、交通运输部建设科技项目 1 项，山西省优秀人才专项 1 项。目前，授权发明专利 31 件、软件著作权 12 件；主/参编行业标准 1 部、地方(团体)标准 7 部；发表学术论文 72 篇；出版著作 2 部。获得省部级科技进步一等奖 4 项、二等奖 5 项，技术发明一等奖 1 项。研究成果广泛应用于黄土地区公路工程建设和养护实践中，为保障黄土地区公路工程安全稳定提供了重要的理论依据和技术支持。

前　言

Foreword

随着经济的飞速发展,我国对交通运输资源的需求日益增大,高速公路和高速铁路得到了大力发展。高速公路和高速铁路在建设中,不可避免地要穿过一些不适宜修建路堤的不良地基(高压缩性土、淤泥质黏土和泥炭土等)。桩承式加筋路堤具有工期短和成本低的优点,目前已广泛应用于上述基础设施建设中。桩承式加筋路堤工程应用逐渐增多,但其应用于工程中仍存在一些不足,包括路堤沉降、不均匀沉降和侧向位移过大,整体或局部路堤失稳以及筋材效率低等。

本书针对桩承式加筋路堤传统技术的不足,通过对比分析桩承式加筋路堤传统技术和桩板结构技术的结构特性,提出了一种新型地基处理技术——桩承式加筋路堤固网技术。本书从理论研究、试验研究和数值模拟 3 个方面对固网技术进行了系统研究:采用离散元法对固网技术承载特性进行了细观分析,采用有限元法和两阶段法分析了固网技术承载能力和约束侧向变形能力的作用机理;分析了固网技术中筋材-桩体-桩间土在路堤荷载作用下的荷载传递机理,根据位移和应力连续条件,采用有限差分法提出了固网技术的理论计算方法;将固网技术应用于长安高速公路山西境内 MCK40+826 大桥东侧路桥过渡段,通过现场试验对桩承式加筋路堤固网技术与传统技术进行了对比分析,研究了随路堤荷载的增加两种工况下地基沉降、侧向位移、筋材上下表面土压力以及筋材变形的变化规律;通过数值模拟分析了桩承式加筋路堤固网技术的工作特性和时效性,揭示了固网技术中路堤沉降、差异沉降、侧向位移、筋材轴力和超孔隙水压力随时间的变化规律。

本书的研究工作是在华中科技大学郑俊杰教授的指导下完成的。感谢中国地质大学(武汉)陈保国副教授、中国科学院武汉岩土力学研究所鲁燕儿副研究员、武汉大学章荣军教授和湖北工业大学马强教授在研究过程中的热心指导和帮助。同时,苗晨曦博士、谢明星博士、曹文昭博士、赖汉江博士、贾亚飞博士参与了相关研究工作,孙志杰高级工程师、赵紫阳工程师、郭震山工程师、王帅工程师参与了文稿整理和校对工作,一并表示感谢!

本书的出版得到了国家重点研发计划项目“道路基础设施服役性能智能仿

真理论和方法”(2018YFB1600100)的资助。

感谢国家自然科学基金项目(50978112、51608316)、山西省基础研究计划项目(2014021033-1)和交通运输行业高层次技术人才培养项目(人教人才〔2017〕518号)对本书研究和出版工作的支持。感谢山西省青年拔尖人才支持计划和“三晋学者”特聘教授(专家)支持计划对作者科研工作的支持。

由于时间仓促,作者水平有限,书中难免有疏漏和不足之处,敬请各位读者批评指正。

作　者

2021年10月

目　　录

Contents

1 绪　　论

1.1 研究背景及意义

随着经济的飞速发展,我国对交通运输资源的需求日益增大,高速公路和高速铁路作为方便快捷的交通运输资源,得到了大力发展。高速公路和高速铁路在建设中,不可避免地要穿越一些不适宜修建路堤的不良地基(高压缩性土、淤泥质黏土和泥炭土等)。在这些不良地基上填筑路堤,常常会面临地基承载力不足、失稳、路堤沉降和不均匀沉降过大等问题[1-3]。解决这些问题的常规方法主要包括超挖换填、堆载预压、选用轻质填料、水平向加筋、竖向设置增强体等。由于地质条件的复杂性、工期和经济方面的原因,上述方法的应用均存在较大的局限性[4]。

20 世纪 80 年代初,桩承式加筋路堤(Geosynthetic Reinforced and Pile Supported embankment,GRPS embankment)作为一种新型的路堤结构形式在国外逐渐兴起[5-6]。这种路堤结构主要由以下几部分组成:路堤填料、砂石垫层、筋材、桩体、桩间土和下卧持力层,其断面形式如图 1-1 所示。目前,桩承式加筋路堤已在国内外得到了广泛应用,例如英国塞尔比绕城高速公路[7],美国明尼苏达州干线高速公路[8],我国福厦高速公路[9]、京沪高速铁路[10]、申苏浙皖高速公路[11]等。国内外具有代表性的桩承式加筋路堤工程实例[7-21]见表1-1。

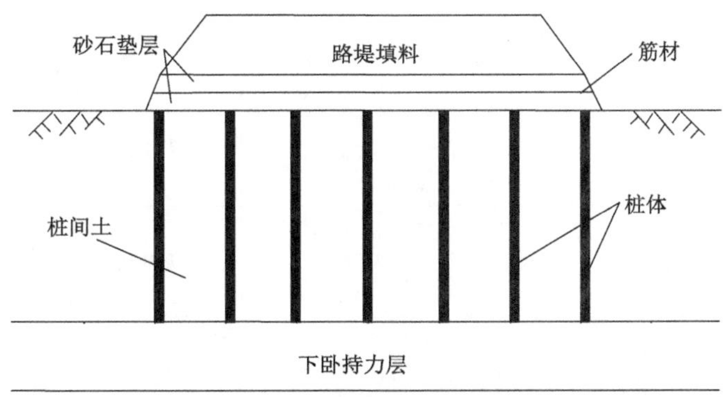

图 1-1　桩承式加筋路堤结构示意图

桩承式加筋路堤通过路堤填料土拱效应和筋材张拉膜效应可将大部分路堤荷载传递至桩顶,并沿桩身传递至下卧持力层,从而有效控制路堤沉降、不均匀沉降和侧向变形,提高路堤整体稳定性。但是,随着工程应用的增多以及理论研究的深入,桩承式加筋路堤传统技术应用于上述工程也表现出一些不足。随着社会对高速公路和高速铁路要求的不断提高,尤其是对高速铁路沉降控制的要求非常严格,常规地基处理方法已经无法满足要求,亟待开发新型地基处理方法。

桩承式加筋路堤工程实例

表 1-1

序号	文献来源	工程应用	地质条件	桩型	筋材类型	设计参数
1	Reid (1984)	路桥过渡段	软土	混凝土打入桩	土工膜	H=9.0m，s=3.5~4.5m，a=1.1~1.5m，N=1
2	Jones (1990)	铁路拓宽	泥炭土 软弱冲积土	预制混凝土桩	土工织物	H=3.5m，s=2.75m，a=1.4m，N=1
3	Card (1995)	轻轨铁路	软黏土 泥炭土	混凝土打入桩	土工格栅	H=2.5~3.0m，s=3.0m，a=1.0m，N=3
4	Topolnicki (1996)	铁路	松填土 泥炭土 有机质黏土	沉管灌注桩	土工格栅	H=1.5m，s=1.8~2.5m，a=0.6~0.8m，N=2~3
5	Lin (1999)	高速公路	海相黏土 粉质黏土 砂砾层	深层搅拌桩	土工织物	H=5.6m，s=1.1m，d=0.5m，N=2
6	Wood (2004)	绕城公路	黏土 泥炭土	打入桩	土工格栅	H=9.5m，s=2.7~3.2m，a=0.9m，N=2
7	徐林荣 (2007)	高速铁路	粉质黏土 淤泥质黏土	砂桩	土工格栅	H=3.5~4.0m，s=2.0m，d=0.4m，N=1
8	Liu (2009)	高速公路	粉土 粉质黏土 淤泥质黏土	现浇混凝土大直径管桩 (PCC 桩)	土工格栅	H=5.6m，s=3.3m，d=1.0m，N=2
9	Wachman (2010)	高速公路	砂土 有机质黏土	管桩	土工格栅	H=3.9m，s=2.1m，a=0.6m，N=2
10	Chen (2010)	高速公路	淤泥 亚黏土 粉质黏土	预应力混凝土管桩	土工格栅	H=4.0m，s=2.5m，a=1.0m，N=1
11	夏唐代 (2010)	高速公路	淤泥 亚黏土	筒桩	土工格栅	H=6.0m，s=3.5m，d=1.5m，N=1
12	郑俊杰 (2012)	路桥过渡段	粉土 粉质黏土 砂砾层	混凝土灌注桩	土工格栅	H=5.0m，s=3.5m，a=1.0m，N=1
13	郑俊杰 (2015)	路桥过渡段	中低压缩性土	水泥粉煤灰碎石桩 (CFG 桩)	土工格栅	H=2.4m，s=1.6m，a=1.0m，N=1
14	陈庚 (2016)	高速公路	粉质黏土	塑料套管现浇混凝土桩	钢丝格栅	H=3.5m，s=1.5m，a=0.5m (直径)，N=1
15	Lu (2018)	高速公路改扩建	黏土 粉细砂	水泥搅拌桩	土工格栅	H=7.34m，s=2.4m，d=0.4m，N=1

注：H-路堤填料高度；s-桩间距；d-桩径；a-桩帽边长；N-筋材层数。

1.2 国内外研究现状

桩承式加筋路堤支撑体系是由筋材、桩体、桩间土和下卧持力层 4 个部分组成，该支撑体系各组成部分之间共同作用、相互影响,其作用机理非常复杂,如图 1-2 所示。由于桩土刚度差异($k_p > k_s$,其中 k_p 为桩体刚度,k_s 为桩间土刚度),路堤荷载作用下桩与桩间土产生差异沉降。该差异沉降使桩顶上部填料沉降小于桩间土上部填料。为减小桩顶与桩间土上部填料之间的差异沉降,桩顶上部填料通过摩擦剪切作用(τ 为剪应力)将部分桩间土上部填料荷载转移至桩顶。这种通过路堤填料之间的相互作用将部分桩间土上部填料荷载转移至桩顶的现象称为土拱效应。同时,在路堤荷载作用下,桩土差异沉降使筋材产生张拉变形。该张拉变形使筋材对其上部荷载产生一个托举力,将部分筋材上部荷载转移至桩顶。这种通过筋材张拉变形将部分上部荷载转移至桩顶的现象称为张拉膜效应。目前,对桩承式加筋路堤作用机理的研究方法主要包括理论研究、试验研究和数值模拟 3 个方面。

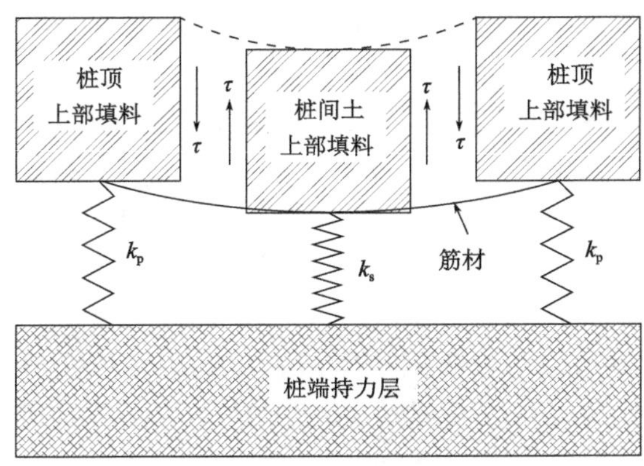

图 1-2 桩承式加筋路堤作用机理示意图

1.2.1 理论研究

Terzaghi[22]基于砂土活动门试验证明了土拱效应的存在,并得出了产生土拱效应的两个必要条件:①土体之间产生相对位移;②存在支撑拱脚。同时,提出了理想土体的沟渠式土拱模型,并给出了桩间土压力的计算公式。

Hewlett[23]将路堤土拱形状分别假设为半圆形和半球形,基于极限平衡理论推导出了二维和三维情况下的桩体荷载分担比,并通过模型试验结果验证了该理论模型的合理性。

Jones[24]假设桩承式加筋路堤中筋材拉力是由路堤边缘侧向位移和桩间土沉降两部分引起的,推导出了端承桩条件下桩承式加筋路堤中筋材拉力和桩土应力比的计算式。

饶为国[25]将路堤荷载下筋材变形曲线假设为二次抛物线形,忽略了路堤填料的土拱效应,推导出了考虑桩间土对路堤荷载支撑作用的桩土应力比计算式,并结合工程实例分析了桩间距、路堤荷载、沉降量、桩间土承载力和筋材刚度等设计参数对桩土应力比的影响。

刘吉福[26]通过对桩与桩间土上部路堤填料的力学分析,推导出了求解桩顶平面处桩土应力比的计算表达式,并系统分析了桩体置换率、桩土差异沉降、路堤填料高度和填料弹性模量对桩土应力比的影响。最后,通过工程实例监测结果验证了该计算式的合理性。

陈云敏[27]基于单桩等效处理范围路堤自身土体受力平衡,改进了传统 Hewlett 极限状态的空间土拱效应分析方法,求得了计算桩体荷载分担比的解析表达式,并分析了桩间距、桩帽大小和填料内摩擦角对桩体荷载分担比的影响。

曹卫平[28]将单桩处理范围等效为圆柱体,将桩与桩间土模拟为不同刚度的弹簧,基于最小势能原理，推导出了考虑桩土相互作用的桩承式加筋路堤荷载分担比。同时，分析了径距比、路堤填料剪切模量、筋材抗拉刚度和桩土相对刚度对桩体荷载分担比的影响。

陈福全[29]充分考虑了筋材张拉膜效应和桩间土支撑作用，改进了 Hewlett 三维土拱效应模型，提出了桩承式加筋路堤的改进设计方法，并将该改进设计方法应用于某一桩承式加筋路堤设计。

郑俊杰[30]分析了桩承式加筋路堤中桩体、桩间土以及筋材相互作用机理，将路堤荷载作用下筋材变形模拟为圆弧形，推导出了桩承式加筋路堤桩土应力比的解析解和筋材挠曲变形的计算表达式。

Chen[31]基于一维压缩理论推导出了考虑路堤填料、桩体和桩间土相互作用的桩体荷载分担比解析解。将该方法与有限元计算结果进行对比分析，结果表明该方法可较好地反映桩承式路堤受力特性。

Abusharar[32]基于 Hewlett 的平面半圆形土拱模型和筋材变形圆弧模型分别考虑了路堤填料的土拱效应和筋材的张拉膜效应，推导出了桩承式加筋路堤桩土应力比的简化公式。

Filz[33-35]将筋材分别假设为各向同性薄板单元、杆件单元和薄膜单元，忽略桩体变形的影响，基于三维模型和轴对称模型具体分析了路堤荷载下桩承式加筋路堤中筋材变形特性和应力集中现象。

赵明华[36]将单桩处理范围等效为圆柱体，基于 Winkler 弹性地基圆板理论推导出了桩承式加筋路堤桩土应力比的计算式。同时，基于具体工程实例对路堤荷载、桩体置换率、路堤工后沉降、桩土刚度比进行了参数分析。

陈昌富[37]基于剪切位移法分析了桩承式加筋路堤中筋材受力和变形特性，推导出了桩承式加筋路堤的桩土应力比和桩顶刺入量的计算表达式，并通过工程实例验证了该方法的可靠性。

Ded[38]针对碎石桩桩承式加筋路堤受力特性，将桩与桩间土分别模拟成一定刚度的弹簧，推导出了考虑桩间土固结的桩体荷载分担比计算模型，并系统分析了碎石桩弹性模量、桩间土固结度、桩间土最终承载力和路堤填料性质等设计参数对桩体荷载分担比的影响。

张军[39-40]将路堤填料、水平加筋体、桩体、桩间土视为整体考虑，基于大挠度薄板理论考虑筋材受力特性，并充分考虑了路堤中各组成部分之间的相互作用，采用有限差分法求解出了路堤荷载作用下桩承式加筋路堤二维和三维情况下的桩土应力比。

赵明华[41]将筋材与砂石垫层视为一个整体薄板，基于虚功原理和 Winkler 弹性地基理论推导出了桩承式加筋路堤加固区沉降变形的计算表达式，并结合两组室内模型试验监测结果验证了该方法的合理性。

Van Eekelen[42]针对英国规范 BS 8006 应用于低填方路堤中的不足，提出了修正的 BS 8006 计算模型，并将 BS 8006、修正的 BS 8006 和德国规范计算结果与数值模拟和现场试验监测数据进行对比分析，结果表明修正的 BS 8006 计算模型明显优于 BS 8006 计算模型。

俞缙[43]针对柔性桩桩承式加筋路堤独特的受力变形特性，建立了考虑路堤、筋材、桩和桩间土相互作用的荷载传递模型，推导出了综合考虑路堤填料土拱效应、筋材张拉膜效应和桩土相互作用的桩土应力比计算表达式。

马强[44]基于路堤荷载下筋材、桩体与桩间土的荷载传递机理，建立了桩承式加筋路堤的力学模型,并推导出了筋材上下表面土压力的计算表达式。最后,通过室内模型试验结果验证了该方法的合理性。

费康[45]采用数值模拟方法对桩承式路堤中桩间距、路堤填料高度和内摩擦角进行了参数分析,根据数值模拟结果得到的桩承式路堤中土拱受荷破坏模式,建立了考虑低路堤和高路堤两种工况的二维土拱模型。

1.2.2 试验研究

桩承式加筋路堤试验研究主要包括现场试验和室内模型试验两个部分。通过现场试验可真实反映桩承式加筋路堤作用机理,其研究结果最具说服力。但是,现场试验场地不易获得,且现场试验实施过程十分复杂,需要科研、设计、施工三方相互协调、相互配合。相比而言,室内模型试验以其操作简单、可重复性强和对比性强的优点,可克服现场试验实施过程中的诸多不便。

现场试验方面:

Lin[9]对福厦高速公路某一采用深层搅拌桩与土工格栅联合处理的路桥过渡段进行了现场试验研究,分析了路堤沉降、桩土应力比、孔隙水压力和侧向变形的变化规律。研究表明,采用变桩长技术可以有效减小路桥过渡段工后沉降和差异沉降。

夏元友[46]通过刚性桩加固软土地基现场试验,分析了桩土相对位移和孔隙水压力的变化规律。首次提出了路堤荷载下土拱效应形成-破坏-重建的发展过程,指出路堤荷载每增加20kPa,土拱结构完成一次破坏再重建过程。

徐林荣[10]在京沪高速铁路某一桩承式加筋路堤试验段进行了现场试验,对桩承式加筋路堤中基底土压力、筋材应变、路堤沉降和侧向位移等进行了系统监测,分析了路堤填筑过程中桩土应力比的变化规律、筋材受力特性、沉降及侧向位移变化规律。

刘俊新[47]通过现场试验监测分析了土工格栅与粉喷桩联合加固软土地基的作用机理。试验结果表明,桩顶土压力"拱效应"现象显著,路堤沉降主要以桩顶刺入变形和下卧层压缩变形为主。

Liu[16]针对现有实心桩高耗材和低效率的不足,研发出了一种现浇混凝土大直径管桩(PCC 桩),并将该桩应用于沿海高速公路盐城至南通段某一桩承式加筋路堤试验段。试验结果表明,现浇混凝土大直径管桩应用于桩承式加筋路堤可有效提高桩体效率,减小路堤沉降和侧向位移。

徐正中[48]以申苏浙皖高速公路为工程背景,选取了两个未打穿软土层工况下桩承式路堤断面进行现场试验研究,分析了路堤填筑过程中及填筑完成后桩与桩间土上土压力、地基沉降及下卧层沉降的变化规律,并与打穿软土层工况下桩承式路堤的实测结果进行了对比分析。

连峰[49]对位于珠江三角洲腹地的某一桩承式加筋路堤试验段进行了现场监测试验,系统分析了地基沉降、桩土应力比和筋材变形的变化规律。试验结果表明,桩承式加筋路堤可有效减小地基沉降,筋材张拉膜效应荷载传递能力要强于土拱效应。

Wachman[8]对明尼苏达州干线高速公路拓宽工程中桩承式加筋路堤试验段进行了现场试验研究,监测了筋材上下表面桩与桩间土的土压力变化规律。研究表明,加筋垫层可有效减小路堤边坡处应力扩散现象。

Chen[11]结合台缙高速公路和申苏浙皖高速公路中3处桩承式加筋路堤试验段,对路堤中沉降、土压力和孔隙水压力进行了系统监测。试验结果表明,路堤荷载下土拱效应引起的桩顶应力集中现象明显,但桩土差异沉降较小。最后,根据现场试验结果对4种现有设计方法进行了对比分析。

夏唐代[17]为了进一步了解筒桩桩承式加筋路堤的工作机制,在广州绕城高速公路九江—小塘段进行了现场试验研究,根据试验结果分析了筒桩复合地基的荷载传递机制及沉降变形规律。

Briancon[50]在距巴黎市东北20km处软土地基上进行了3组桩承式加筋路堤足尺试验。试验结果表明,筋材最大应变发生在桩顶边缘处,虽然铺设一层筋材和铺设两层筋材两种工况下的路堤最终沉降量基本相同,但两种工况下的荷载传递模式有较大差异。

Liu[51]通过现场试验对比分析了传统深层搅拌桩和变径深层搅拌桩应用于桩承式路堤中路堤沉降、侧向位移和超孔隙水压力的变化规律。试验结果表明,变径深层搅拌桩可有效减小路堤沉降,提高路堤整体稳定性。

郑俊杰[18]通过现场试验对桩承式加筋路堤中心轴和路堤边坡两处筋材上下表面桩顶和桩间土土压力、桩间格栅变形进行了系统监测分析。研究结果表明,桩承式加筋路堤通过土拱效应和张拉膜效应将路堤荷载向桩顶转移,可有效减小桩间土荷载;桩承式加筋路堤中心轴处路堤荷载转移以土拱效应为主,张拉膜效应为辅,而路堤边坡处筋材张拉膜效应较显著,路堤荷载传递由土拱效应和张拉膜效应共同完成,筋材在路堤边坡处作用效果大于路堤中心轴处。

室内模型试验方面:

Low[52]通过室内模型试验验证了土拱效应的存在,对比分析了加筋与不加筋两种情况下以及不同高跨比情况下对桩体荷载分担比的影响,并将模型试验结果与二维土拱效应和张拉膜效应分析模型进行了对比分析。

Young[53]通过5组对比试验分析了桩承式加筋路堤基底沉降、筋材应变和土拱效率的变化规律。研究结果表明,桩承式路堤中筋材的加入对土拱效应的削弱作用有限,可有效减小桩土差异沉降。

Chen[54]通过室内模型试验分析了桩承式加筋路堤土拱效应和路堤沉降的变化规律,并系统分析了桩土相对位移、路堤高度、桩梁净间距、桩梁宽度和筋材抗拉刚度等因素对桩土应力比和路堤沉降的影响。

崔溦[55]采用石膏柱模拟水泥土桩,采用预拉伸加筋格网模拟土工格栅,建立了夯实水泥土桩与筋材联合加固山区沟谷软基的离心模型,对该联合加固方法处理后的路堤受力和变形特性进行了系统分析。试验结果表明,采用水泥土桩与土工格栅联合加固形式可满足山区沟谷软基的沉降变形要求。

张良[56]为了研究桩端持力层对桩承式加筋路堤的影响,建立了4组不同持力层情况下的离心模型试验,对比分析了路堤变形、筋材拉力和基底土压力的变化规律。研究结果表明,桩端持力层强度提高可有效减小路堤变形,提高桩体效率,增强路堤整体稳定性。

李华明[57]以京沪高铁徐州段液化土加固工程为背景,建立了模型尺寸比例为1∶10的桩承式加筋路堤振动台模型试验,分析了地震荷载作用下液化土地基上桩承式加筋路堤的动力特性。

王长丹[58]为了深入研究桩承式加筋路堤应用于湿陷性黄土地区的作用效果,通过离心模型试验分析了湿陷性黄土地基上桩承式加筋路堤受力和变形特性。试验结果表明,桩承式加筋路堤可有效减小路堤工后沉降。

蔡德钩[59]基于相似理论,建立了几何相似比为 1∶6 的桩承式加筋路堤模型试验,系统分析了路堤荷载作用下路堤填料土拱效应和筋材张拉膜效应的变化规律。研究结果表明,路堤填料为砂土时,土拱效率明显高于黏性土,筋材初始松紧状态影响土拱的成拱效率。

Van Eekelen[60-61]通过 12 组室内模型试验系统分析了不同工况下路堤填料土拱效应、筋材张拉膜效应和桩间土的承载能力。试验结果表明,桩间土固结沉降将增强土拱效应和张拉膜效应;路堤填料内摩擦角越大,土拱效应越显著;分布于筋材上表面的路堤荷载呈倒三角形。最后,将模型试验结果与德国 EBGEO 规程进行对比分析,并提出了一种改进的桩承式加筋路堤设计方法。

费康[62]为了研究桩承式路堤中加筋形式对其工作性状的影响,建立了 5 组对比模型试验,重点分析了不同加筋形式对路堤桩土应力比、竖向应力分布和路堤沉降的影响。试验结果表明,加筋材料的设置有利于桩间土上部路堤荷载向桩顶转移;双层土工布加筋垫层荷载传递机理类似于张拉膜效应,而双层格栅加筋垫层荷载传递机理类似于半刚性基层。

1.2.3 数值模拟

由于工程地质条件复杂,通过有限的现场试验监测结果并不能完全了解桩承式加筋路堤的作用机理和工作特性。随着计算机技术的发展,数值仿真方法已被广泛应用于桩承式加筋路堤的研究。

Han[1]基于平面应变假设,利用有限元软件分析了路堤填料高度、筋材抗拉刚度和桩体弹性模量对桩承式加筋路堤受力特性的影响。研究表明,桩承式加筋路堤可有效减小路堤沉降与差异沉降,其作用效果明显优于桩承式路堤。

Liu[63]以位于上海北部郊区的某一高速公路桩承式加筋路堤为背景,建立了三维有限差分数值模型,分析了路堤沉降、桩与桩间土上土压力以及超孔隙水压力的变化规律,并通过现场试验监测结果验证了模型的合理性。

陈仁朋[64]将单桩处理范围等效为圆柱体,采用有限元方法对比分析了打穿与未打穿两种工况下桩承式加筋路堤筋材轴力和路堤沉降特性,并分析了桩帽宽度、桩间距和路堤填料高度对两种工况下路堤受力和变形的影响。

芮瑞[65]通过流固耦合模型对比分析了桩与筋材联合处理形式与桩上加设桩帽的处理形式两种工况下路堤的作用效果,揭示了两种工况下路堤受力和变形特性。

Huang[66-67]分别采用二维和三维有限差分流固耦合模型分析了路堤沉降、不均匀沉降、筋材轴力和固结度随孔隙水压力消散的变化规律,并对软土弹性模量、渗透系数、筋材抗拉刚度、桩体弹性模量和桩间距等重要设计参数进行了参数分析。

Zheng[2]基于平面应变假设,建立了二维流固耦合模型,对无桩无筋、无桩加筋和桩承式加筋路堤 3 种工况下路堤受力和变形特性进行了对比研究,分析了桩承式加筋路堤的作用机理和作用效果。

Le Hello[68]指出桩承式加筋路堤中路堤填料为散体材料,现有连续体数值模型无法真实反映其受力机理，建立了桩承式加筋路堤三维离散元数值模型，系统分析了路堤荷载作用下路堤填料土拱效应和筋材张拉膜效应。同时，通过大比例模型试验，验证了离散元数值模型的合理性。

Jenck[69]将路堤填料模拟成直径为 3～5cm 的钢棒，建立了桩承式加筋路堤的模型试验。以该模型试验为背景，分别采用离散元和有限元软件，将路堤填料分别模拟成离散颗粒和连续体两种形式，对比分析了两种数值分析方法在模拟桩承式加筋路堤过程中的优缺点。

郑刚[70]为使桩承式路堤中桩间土得到充分预压，提出了桩顶预留可压缩垫块的新型地基处理形式，并以京津城际铁路 CFG 桩地基处理试验段为背景，通过数值模拟，研究了桩顶预留可压缩垫块对路堤工后沉降的影响。

1.3 主要研究工作

本书针对桩承式加筋路堤传统技术的不足，通过对比分析桩承式加筋路堤传统技术和桩板结构技术的结构特性，研发具有桩板结构加固效果和桩承式加筋路堤传统技术加固费用的新型地基处理技术——桩承式加筋路堤固网技术，主要从理论研究、试验研究和数值模拟 3 个方面对桩承式加筋路堤固网技术作用机理进行系统研究。主要研究内容包括：

(1)根据桩承式加筋路堤固网技术结构特点，采用离散元法对固网技术承载特性进行细观分析，采用有限元法和两阶段法分析固网技术承载能力和约束侧向变形能力的作用机理。

(2)根据位移和应力连续条件，将路堤填料和加固区视为整体考虑，将筋材视为具有一定刚度的薄板，基于大挠度薄板理论模拟筋材的挠曲变形，并考虑土拱效应和桩土相互作用，建立路堤荷载作用下桩承式加筋路堤固网技术桩帽与桩梁两种工况下的受力模型。同时，考虑到加固区土层分布的复杂性，采用有限差分法进行编程计算，提出固网技术的理论计算方法。

(3)通过数值模拟对比分析路堤荷载下桩承式加筋路堤固网技术与传统技术两种工况下的受力和变形特性。研究两种工况下不同地基土弹性模量、不同筋材抗拉刚度、不同桩长、不同桩间距、不同桩体弹性模量和不同交通荷载条件下的作用机理和工作特性。

(4)通过有限元软件建立流固耦合模型，分析路堤受力和变形随时间的变化规律，同时，通过改变桩承式加筋路堤固网技术中各项设计参数，模拟不同工况条件，探讨各设计参数对固网技术作用机理的影响。

(5)将该技术应用于长安高速公路山西境内 MCK40+826 大桥东侧路桥过渡段，通过工程示范对桩承式加筋路堤固网技术与传统技术进行对比分析，研究随路堤荷载的增加两种工况下路堤中心轴和边坡处地基沉降、路堤坡脚侧向位移、筋材上下表面土压力以及筋材变形的变化规律。

2　桩承式加筋路堤固网技术开发

2.1　概述

桩承式加筋路堤是一种将桩与筋材联合作用作为路堤支承体系的路堤形式，具有工后沉降和不均匀沉降小、工期短和施工方便等优点，已广泛应用于高速公路、铁路、机场和港口等基础建设工程[71-73]。但是，随着对桩承式加筋路堤工程应用的增多以及理论研究的深入，国内外诸多学者发现桩承式加筋路堤技术工程应用时仍存在以下几个方面的不足[74-77]：①路堤边坡侧向位移现象仍然明显；②筋材对地基深层的侧向位移限制作用不大；③筋材与土体的界面摩阻力有限，筋材的强度和刚度无法得到充分发挥；④沉降和不均匀沉降问题仍然显著；⑤筋材张拉膜效应荷载传递能力有限；⑥砂石垫层材料及铺设费用大。

目前，国内外学者研发出了诸多桩承式加筋路堤相关的改进技术，具有代表性的有：PCC 桩技术[78-81]、变直径双向搅拌桩技术[82-85]、长短组合桩技术[86-89]、新型三向格栅加筋技术[90-93]和土工格室加筋技术[94-97]等。但是，上述改进技术只是对桩承式加筋路堤中某一组成部分采用新技术进行相应替换，各组成部分之间构造并没有发生本质变化。本书针对桩承式加筋路堤技术中存在的不足，改变桩承式加筋路堤传统技术中的构造形式，将筋材固定于桩（帽）顶，研发出了桩承式加筋路堤固网技术。

2.2　技术开发

2.2.1　研发思路

现有地基处理技术中，加固效果最好的地基处理技术当属应用于高速铁路无砟轨道地基加固中的桩板结构[98]（图 2-1）。桩板结构是高速铁路无砟轨道路基加固中的一种新型结构形式，它由下部钢筋混凝土桩体与上部钢筋混凝土承载板组成，桩体、承载板与桩间土共同组成一个承载结构体系。桩板结构加固效果好，但是加固费用过高，仅适用于高铁等对工后沉降要求非常严格的路基加固工程。

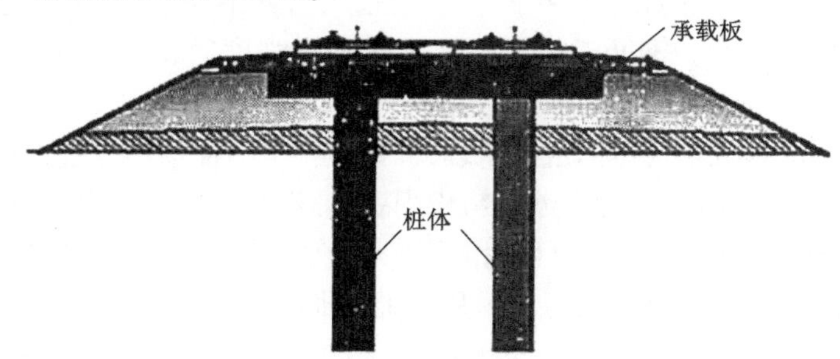

图 2-1　桩板结构示意图

桩板结构与桩承式加筋路堤传统技术中,最大的区别在于桩板结构桩顶与承载板刚性连接,而传统技术中桩顶与筋材并未相互约束。为开发出一种具有类似桩板结构加固效果和桩承式加筋路堤传统技术加固费用的地基处理技术,华中科技大学岩土与地下工程研究所通过大量理论分析、数值模拟和试验研究,研发出了一种新型地基处理技术——桩承式加筋路堤固网技术。

桩承式加筋路堤固网技术是在刚性桩(帽)顶加设若干钢筋固定头后再铺设高强度筋材于桩(帽)顶,然后现浇一定高度的混凝土固定端,由钢筋固定头和混凝土固定端共同作用,组成一个固定连接体系使筋材与桩顶固定连接。桩承式加筋路堤固网技术结构示意图如图2-2 所示。

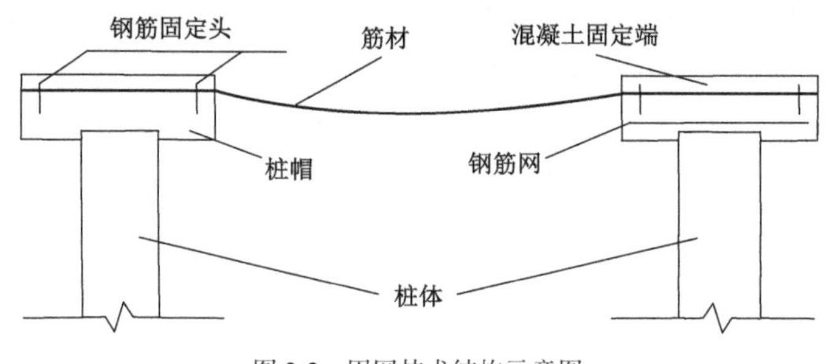

图 2-2　固网技术结构示意图

2.2.2　具体施工步骤

桩承式加筋路堤固网技术具体施工步骤如下:

(1)将刚性桩打入需加固的地基,桩体弹性模量应在 5GPa 以上,该刚性桩可以是混凝土管桩,也可以是钻孔灌注混凝土桩,桩径和桩长应根据承载力和地层分布情况确定,桩端应穿透软弱土层至持力层,宜采用正方形布桩。

(2)在桩顶支模,现浇钢筋混凝土桩帽。桩帽形状宜采用正方形,边长根据桩径和桩距大小确定,宜采用 700~1500mm。桩帽厚度不宜小于 250mm。钢筋网应按双向均匀通长布置,直径不宜小于 6mm,间距不宜大于 200mm,钢筋网保护层厚度应不小于 40mm。混凝土强度等级不宜低于 C25,桩顶进入桩帽长度不宜小于 50mm。桩帽设计应满足抗弯、抗冲切和抗剪要求。现浇钢筋混凝土桩帽时,埋设若干钢筋固定头于桩帽上截面[图 2-3a)]。钢筋固定头应均匀分布于桩帽上截面四周,且距桩帽边缘不应小于 100mm,钢筋固定头数量不应少于 4 根,钢筋固定头所使用的钢筋直径不应小于 8mm,钢筋固定头埋设在桩身部分与外露部分之比不应小于 2∶1,其外露部分应在 5~10cm 之间。

(3)对现浇钢筋混凝土桩帽进行养护。一般采用自然养护,采用篷布、塑料布等进行紧密覆盖,防止表面水分蒸发。钢筋混凝土桩帽达到 75%强度后,将桩帽间填充路堤填料并进行场地平整。

(4)铺设筋材前应将桩帽上截面进行清理,保持桩帽上截面清洁。铺设筋材时需将筋材网孔穿过桩帽上截面埋设的钢筋固定头进行初步固定,铺设的筋材应紧贴于桩帽截面,筋材可采用钢筋网,也可以采用高强度土工格栅和钢塑格栅等,筋材抗拉刚度应满足抗剪切要求。筋材搭接部分的搭接长度不应小于 50cm,且应采用 U 形钉固定,U 形钉间距不应大于 3m。

(5)在桩帽截面上方支模,现浇混凝土固定端[图 2-3b)]。支模尺寸与桩帽截面尺寸相同,混凝土材料与强度等级应与桩帽一致,混凝土固定端高度应在 10~20cm 之间;对现浇混凝土固定端进行养护，一般采用自然养护，采用篷布、塑料布等进行紧密覆盖，防止表面水分蒸发，混凝土固定端达到75%强度后直接填筑路堤填料（当地下水位较高时，需铺砂石垫层作为排水通道）。

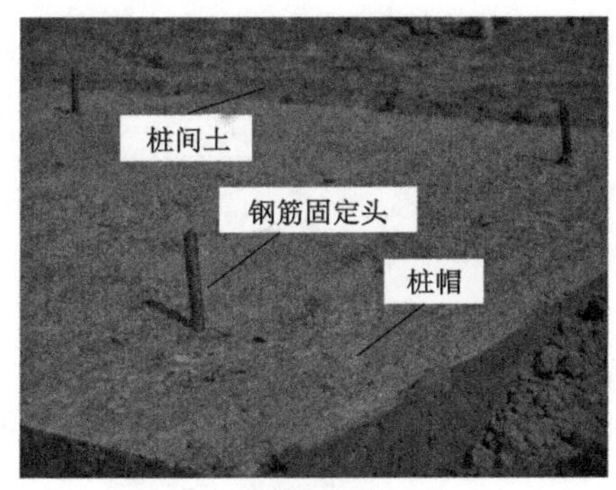

a）钢筋固定头

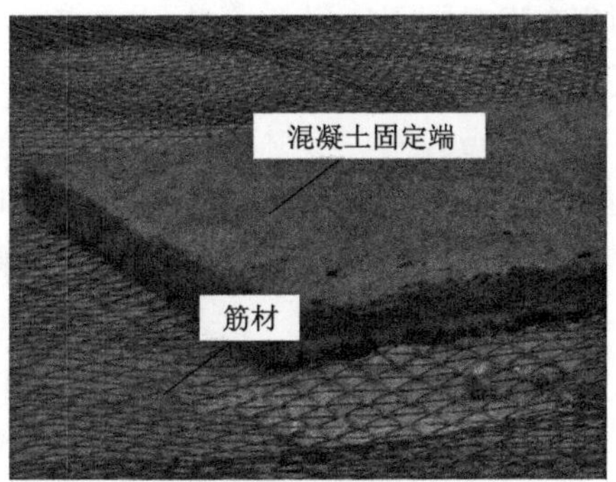

b）混凝土固定端

图2-3 固定连接体系

2.2.3 作用机理

路堤荷载作用下，桩承式加筋路堤传统技术与固网技术具有不同的作用机理。下面从路堤承载机理与约束侧向变形能力两个方面对桩承式加筋路堤传统技术与固网技术进行对比分析。

（1）路堤承载机理

图2-4为桩承式加筋路堤传统技术与固网技术受力体系承载机理示意图。在路堤荷载作用下，由于桩土刚度差异，桩与桩间土产生相对位移，路堤荷载由三部分共同承担：一部分路堤荷载通过土拱效应传递至桩顶，一部分路堤荷载通过筋材张拉膜效应传递至桩顶，剩余部分路堤荷载由桩间土承担。

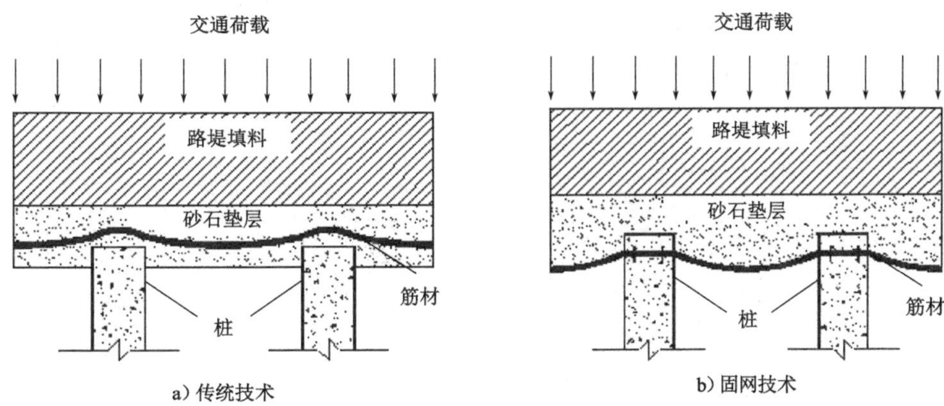

图2-4 路堤承载机理示意图

在传统技术中，砂石垫层起着至关重要的作用，直接影响着路堤中土拱效应和张拉膜效应的发挥程度[1,92,99]。因此，传统技术中需要选用优质砂石材料充当垫层。但是，由于传统技术中筋材铺设在砂石垫层中间，路堤荷载作用下筋材与砂石垫层产生协调变形，筋材差异沉降远小于桩顶平面桩土差异沉降［图2-4a）］，从而减小了筋材张拉膜效应，筋材的强度和刚度没有得到充分利用。

如图2-4b）所示，由于固网技术中筋材与桩顶固定连接，路堤荷载作用下筋材差异沉降与桩顶平面桩土差异沉降基本一致，增大了筋材差异沉降，并通过筋材自身轴力将荷载传递至桩顶,提高了筋材张拉膜效应和桩体效率。更为重要的是,采用固网技术可有效克服传统技术中筋材与土体界面摩阻力有限且筋材强度和刚度没有得到充分发挥的缺陷,还可通过增大筋材强度和刚度来提高加固效果。同时,由于筋材的荷载传递方式从需要与砂石垫层相互作用间接将路堤荷载传递至桩顶改变为直接通过筋材自身轴力将路堤荷载传递到桩顶,因此,可以取消砂石垫层直接填筑路堤填料(当地下水位较高时,可选用普通的砂石垫层作为排水通道),节约了砂石垫层材料及铺设费用。另外,当采用固网技术时可通过桩与桩之间相互约束作用,有效防止部分桩体由于偏载作用引起的倾斜现象,提高桩体承载能力和路堤整体稳定性。

(2)约束侧向变形能力

图2-5为桩承式加筋路堤传统技术与固网技术约束侧向变形作用机理示意图。桩承式加筋路堤约束侧向变形能力包括对路堤边坡侧向变形的约束和对地基侧向变形的约束。

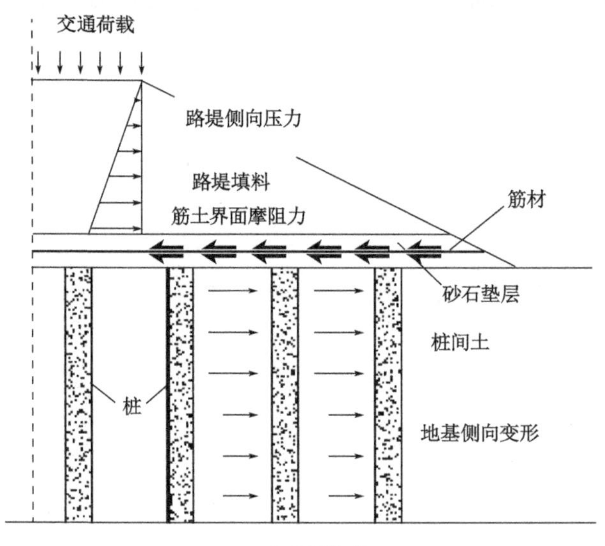

a)传统技术

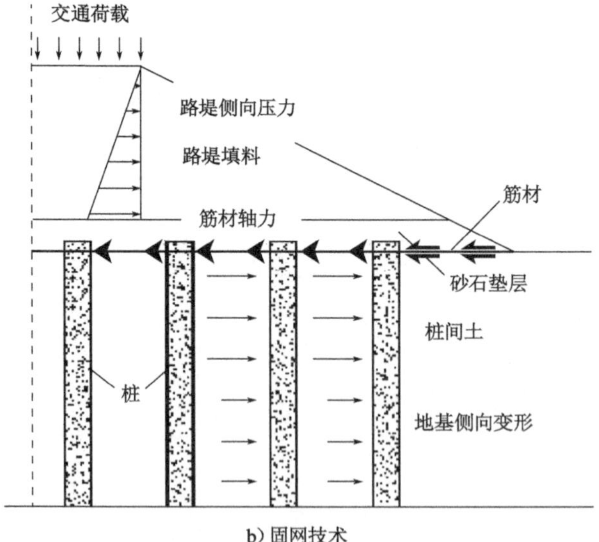

b)固网技术

图2-5 约束侧向变形作用机理示意图

桩承式加筋路堤固网技术对路堤边坡侧向变形的约束作用一部分与传统技术作用机理相似，通过筋材与砂石垫层的界面摩阻力约束路堤边坡侧向位移，另一部分由加设在桩顶的混凝土固定端起作用。路堤边坡下层部分侧移力传递至混凝土固定端时，固定端通过桩身及筋材对其约束作用达到减小路堤侧向位移的目的。

桩承式加筋路堤固网技术对地基侧向位移的约束作用与传统技术作用机理有着显著差异。传统技术中筋材与桩顶无直接连接，在地基侧向力的作用下，桩顶相当于自由端，筋材对地基侧向位移的约束作用不明显。固网技术对地基侧向位移的约束作用则不同，由于筋材与桩顶固定连接，筋材可通过自身轴力约束桩顶侧向位移。同时，筋材可通过桩体对地基深层侧向位移起到约束作用，从而有效减小地基侧向位移，提高路堤整体稳定性。

综上所述，相对于桩承式加筋路堤传统技术，固网技术具有以下 6 个方面的优点：①通过筋材轴力直接将路堤荷载传递至桩顶，提高了桩体荷载分担比；②有效减小了路堤沉降和差异沉降；③有效减小了路堤侧向位移，提高了路堤整体稳定性；④有效减小了地基深层侧向位移；⑤提高了筋材张拉膜效应以及筋材效率；⑥取消了（可选用普通的）砂石垫层，节约了砂石垫层材料及铺设费用。

2.3 本章小结

针对桩承式加筋路堤传统技术中路堤沉降、不均匀沉降和侧向位移大，筋材的强度和刚度未充分发挥、砂石垫层材料及铺设费用大等问题，研发出了一种新型地基处理技术——桩承式加筋路堤固网技术。通过对比分析固网技术与传统技术的结构特性，对固网技术作用机理进行了定性分析。研究结果表明：

（1）通过对比分析桩承式加筋路堤传统技术和桩板结构技术的结构特性，研发出了具有类似桩板结构加固效果和桩承式加筋路堤传统技术加固费用的新型地基处理技术——桩承式加筋路堤固网技术，提出了该技术的具体施工步骤。

（2）通过对比分析固网技术与传统技术的结构特性可知，固网技术可有效减小路堤沉降和差异沉降，减小路堤侧向位移，提高桩体荷载传递效率和筋材效率。

（3）固网技术有效克服了传统技术中筋材与土体界面摩阻力有限、筋材的强度和刚度无法得到充分发挥的缺陷，可通过增大筋材的强度和刚度来提高固网技术的加固效果。

3 桩承式加筋路堤固网技术细观研究

3.1 概述

离散单元法(Discrete Element Method,DEM)作为一种非连续介质的数值模拟方法,已被广泛应用于研究桩承式路堤的荷载传递机制[69,100]。Le Hello 等认为基于连续介质理论的数值模型不能充分反映路堤填料的荷载传递机制,并建立桩承式加筋路堤的三维离散元数值模型,验证了离散元数值方法的合理性[68]。Jenck 等分别采用有限元(Finite Element Method,FEM)和 DEM 软件对桩承式路堤的室内二维模型试验进行模拟,结果表明,离散元法能够更好地预测路堤的荷载传递和变形[69]。

本章建立了未加筋(Pile Supported embankment, PS)、传统技术(Conventional Technique of GRPS embankment, CT)和固网技术(Fixed Geosynthetic Technique of GRPS embankment,FGT)3 种工况下的二维离散元模型。通过对路堤荷载传递效率、土体接触力链、筋材轴力以及土体细观承载结构的演化规律分析,从细观角度解释了桩承式加筋路堤的荷载传递机理,有助于更好地理解固网技术对桩承式加筋路堤荷载传递机理的影响。

3.2 模型建立与参数标定

采用二维颗粒流离散元软件 PFC^{2D},基于 Jenck 等进行的二维桩承式加筋路堤室内模型试验[69],建立一系列二维离散元模型。在二维室内模型试验中,路堤填料采用钢棒相似土,桩间土为可压缩性较强的泡沫材料。DEM 模型中精确标定的细观力学参数是数值模型再现原型材料力学响应的基础。本研究采用的两种接触模型为线性接触模型和线性平行黏结接触模型。其中,线性接触模型用来模拟颗粒材料的线弹性接触以及摩擦特性。线性平行黏结接触可以认为在两接触块之间注入有限尺寸的胶结材料,使得该接触可以传递力和力矩。当平行黏结破坏(最大应力或弯矩超过其破坏强度)时,线性平行黏结模型退化为线性模型。研究过程中,采用线性模型模拟路堤填土和桩间土的接触,采用线性平行黏结模型模拟筋材的力学响应。在明确边界条件下,通过一系列标定试验反算了试验材料的细观力学性能。同时,DEM 单元试验中试样的物理尺寸与室内模型一致。在室内模型试验的基础上,本章引入了土工格栅作为筋材,并比较了传统技术和固网技术之间的差异性。

3.2.1 路堤填料

在二维物理模型中,钢棒相似土被广泛用于研究散体材料的力学响应。Jenck 等在室内模型中,将 3 种不同直径的圆柱形金属棒按相同体积比(1 : 1 : 1)均匀混合作为路堤填料[69]。金属棒长度为 60mm,直径分别为 3mm、4mm、5mm。研究过程中,钢棒相似土的室内双轴试验数据建立了相同尺寸(宽×高=200mm×220mm)的DEM双轴模拟试验反演路堤填料的细观参数。在DEM模型中采用初始孔隙率为0.145的二维无黏结圆盘颗粒模拟路堤填料,而后通过边界墙的伺服机制施加20kPa、30kPa、40kPa的围压。当模型中的不平衡力耗散到稳定状态($<1\times10^{-5}$)后,对上下刚性边界墙施加1×10^{-6}m/s的恒速(v_w)进行双轴加载。

图3-1为路堤填料的DEM模拟和室内双轴试验结果的对比。数值模拟得到的偏应力-轴向应变曲线与室内试验结果吻合较好。填料的摩擦角φ计算如下:

$$\sin\varphi=\frac{\sigma_1-\sigma_3}{\sigma_1+\sigma_3} \tag{3-1}$$

式中,σ_1和σ_3分别代表最大主应力和最小主应力。与室内模型一致的是,数值模型中路堤填料的摩擦角为24°。需要说明的是,二维条件下颗粒体的摩擦角普遍低于天然颗粒材料的摩擦角。

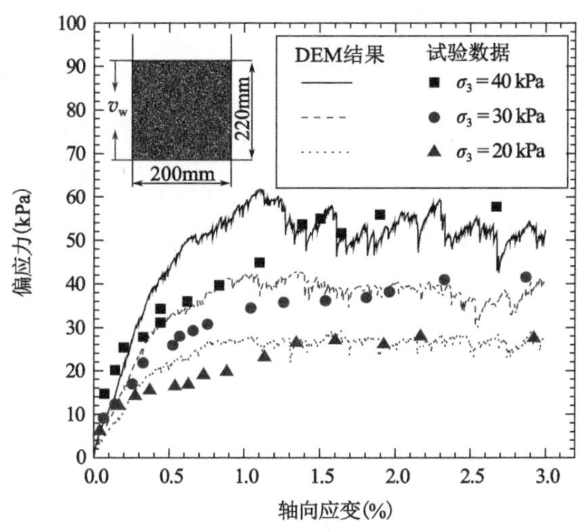

图3-1 路堤填料模拟双轴试验

3.2.2 桩间土

模型试验中,桩间土的变形主要表现为压缩沉降,故通过对宽550mm、高150mm的桩间土试样进行压缩试验对其细观参数进行标定。在本节中,桩间土采用直径为3~5mm且服从均匀分布的圆盘颗粒模拟。同样,桩间软土颗粒间接触采用无黏结线性接触模型。压缩试样采用分层压缩法生成,初始试样孔隙率控制在0.14,直至模型达到稳定状态。与室内压缩试验相同,顶部边界墙的竖向加载速率v_c为10^{-6}m/s。

DEM模拟与室内模型试验的竖向应力与沉降对比如图3-2所示。在室内模型试验中,桩间土(泡沫材料)沉降的增长速率随顶部荷载的增大而增大。虽然数值模型中没有反映出泡沫材料强度的非线性变化,但数值模型中的荷载-沉降特性在0~30mm沉降范围内与室内压缩试验相似。在室内模型试验中,桩间土的沉降始终小于30mm。需要说明的是,桩间土沉降对土拱效应的发展至关重要,物理模型中桩间土采用泡沫模拟,而数值模拟中采用无黏结颗粒的目的是再现桩间地基的压缩-沉降特性。而在0~3mm的误差范围内,数值模型和物理模型的压缩沉降特性基本一致。

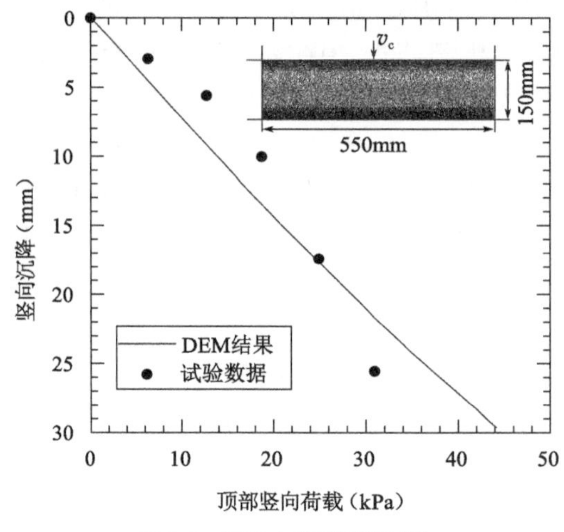

图 3-2　桩间土模拟压缩试验

3.2.3　筋材

为进一步研究固网技术荷载传递机制，本节引入土工格栅并进行了数值拉伸试验。筋材采用直径为 2mm 的颗粒进行规则排列生成。筋材颗粒间的接触采用能承受拉应力和弯矩的平行黏结，以再现土工格栅的拉伸力学响应。拉伸试样的长度为 100mm，在数值模拟中，将一端的筋材颗粒固定，对另一端的颗粒施加 20mm/min 的拉伸速率。如图 3-3 所示，DEM 拉伸结果与室内拉伸试验结果基本一致。

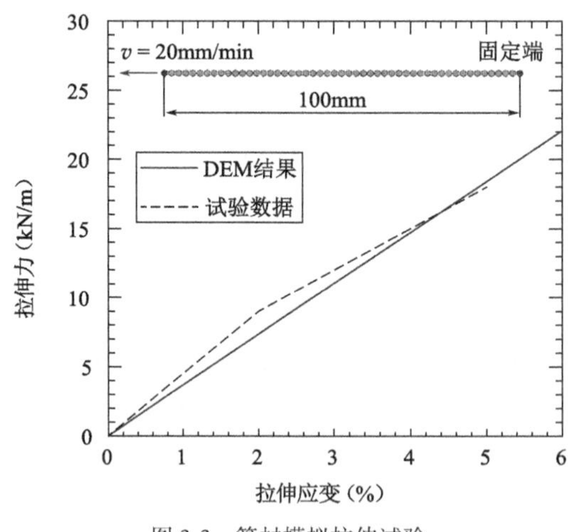

图 3-3　筋材模拟拉伸试验

3.2.4　桩承式路堤数值模型建立

基于上述一系列标定试验，数值模型中各材料的细观参数见表 3-1。考虑到计算效率与颗粒规模以及二维模型中的对称性，采用半桩模型尺寸进行建模。如图 3-4 所示，模型宽度为 420mm，高度为 850mm。其中桩长为 150mm，桩径为 50mm，桩净间距为 320mm。模型边界采用刚性边界墙，定义顶部边界墙施加伺服加载机制实现分级加载，每级荷载增量为

10kPa。模型建立过程简述如下：

(1)设置模型边界，分3层(每层厚度为50mm)生成初始孔隙率为0.14的桩间土，并建立辅助墙体以压实，循环计算至不平衡力消散到较小的水平(1×10^{-5})，删除辅助墙体。

(2)生成土工格栅，并根据工况设置土工格栅两端不同的黏结性能。在固网技术模型中，筋材两端的颗粒固定在每根桩的顶部，以限制其水平和垂直位移。在传统技术模型中，先在桩顶生成20mm厚的颗粒材料垫层，而后在垫层上生成土工格栅，将土工格栅两端的水平位移固定，而在垂直方向上可以自由移动。

(3)产生初始孔隙率为0.14的路堤填料，并分层压实。与物理模型相同，每层厚度为100mm。

(4)在两桩之间设置45个直径为20mm的测量圆，监测模型中的应力分布。任意两个相邻测量圆的中心间距为60mm。同理，上部路堤填筑区布置286个测量圆，如图3-4a)所示。设置记录参数，定义顶部边界墙的伺服加载机制，分级控制路堤表面上覆荷载，每级加载增量为10kPa。

数值模型细观参数 表3-1

分　类	细观参数	取　值
路堤填料	法向刚度 $k_{n\text{-}f}$	2.25×10^{7} N/m
	切线刚度 $k_{s\text{-}f}$	1.50×10^{7} N/m
	摩擦系数 μ_f	0.7
	密度 ρ_f	7600kg/m^3
桩间土	法向刚度 $k_{n\text{-}s}$	4.50×10^{6} N/m
	切向刚度 $k_{s\text{-}s}$	3.00×10^{6} N/m
	摩擦系数 μ_s	0.3
	密度 ρ_s	1800kg/m^3
土工格栅	法向刚度 $k_{n\text{-}g}$	1.00×10^{8} N/m
	切向刚度 $k_{s\text{-}g}$	1.00×10^{8} N/m
	摩擦系数 μ_g	0.5
	密度 ρ_g	1000kg/m^3
	平行黏结法向强度度 $\sigma_{np\text{-}g}$	1.00×10^{8} N/m^2
	平行黏结切向强度度 $\sigma_{sp\text{-}g}$	1.00×10^{8} N/m^2
	平行黏结法向刚度 $k_{np\text{-}g}$	9.20×10^{10} N/m^3
	平行黏结切向刚度 $k_{sp\text{-}g}$	9.20×10^{10} N/m^3
	平行黏结半径因子 r_{pb}	1.00
桩和边界墙	法向刚度 $k_{n\text{-}w}$	6.00×10^{10} N/m
	切向刚度 $k_{s\text{-}w}$	6.00×10^{10} N/m

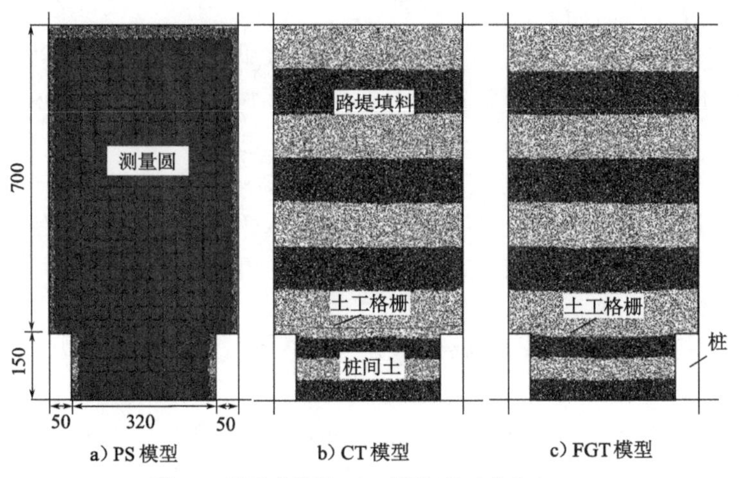

图 3-4　桩承式路堤 DEM 模型（尺寸单位：mm）

3.3　数值模拟结果

3.3.1　路堤沉降与颗粒位移

在路堤荷载作用下，桩与桩间土的刚度差异将导致路基沉降差异。研究过程中，桩是完全刚性体，桩与桩间土之间的差异沉降完全是由桩间土的压缩沉降造成的。图 3-5 为 100kPa 上覆荷载作用下颗粒位移幅值等值线。结果表明，3 种工况下的数值模型中，路堤的最大沉降量均出现在路堤顶部，而土工格栅的引入能降低路堤表面总沉降量。图 3-6 给出了不同荷载作用下 3 种工况下模型中桩间土的沉降分布情况，分析筋材对桩间土沉降特性的影响。与未加筋工况相比，加筋对桩间土沉降的控制效果显著。传统技术中桩间土的最大沉降值比未加筋工况下降低了 14%。对比固网技术和传统技术，桩间土中心线处的沉降几乎相同。而在固网技术工况下，越靠近桩的土体，沉降越小。随着荷载的增加，这种现象更加突出。在 500kPa 荷载作用下，传统技术工况下桩间土颗粒（距离 50～150mm）的沉降范围为 16.79～20.14mm，而固网技术工况下的沉降范围为 6.71～16.79mm。这也反映了固网技术在控制桩与桩间土之间的差异沉降具有显著优势。

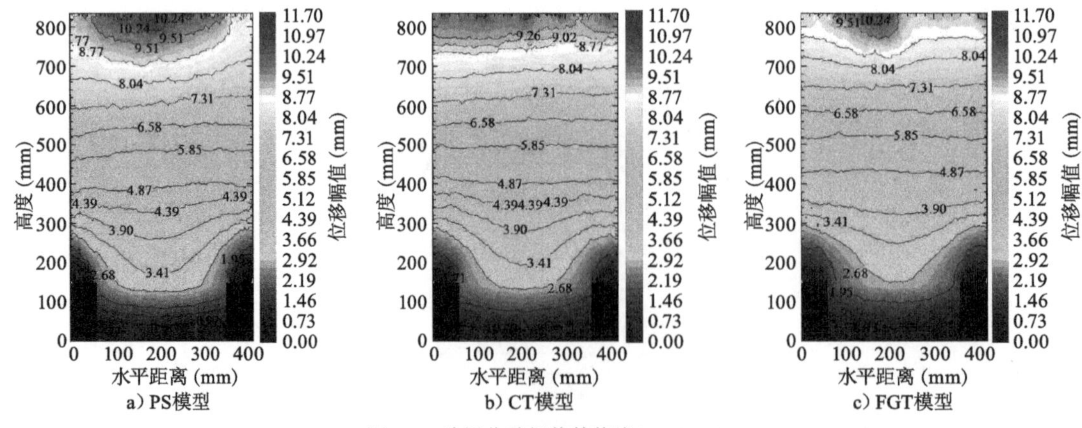

图 3-5　路堤位移幅值等值线（100kPa）

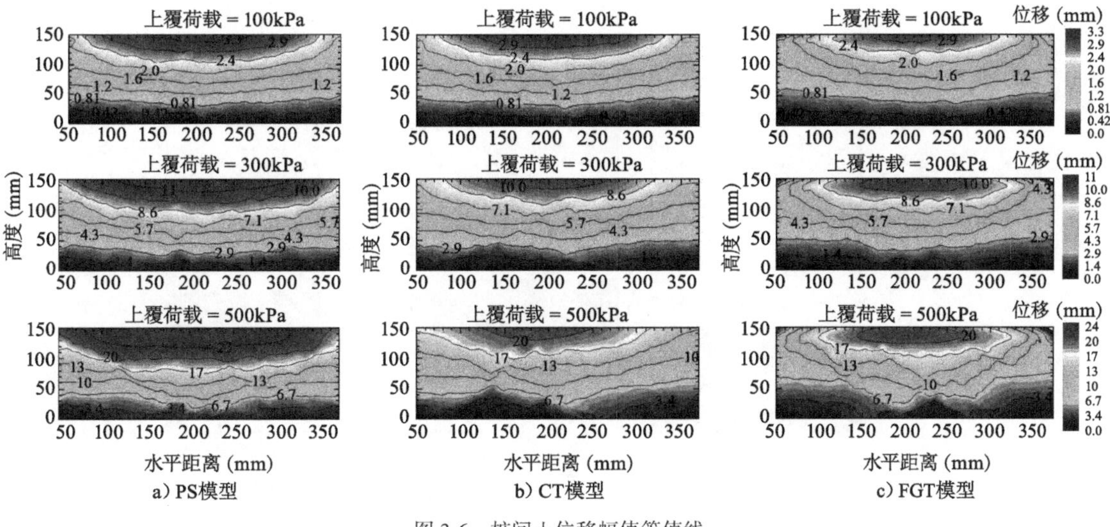

图 3-6 桩间土位移幅值等值线

3.3.2 路堤应力分布

路堤内应力的发展机理可以反映荷载的传递过程。荷载作用下土体颗粒相对运动引起的路堤内应力重分布可以反映土拱形成过程的内在机制。根据路堤内应力的大小和主应力方向的旋转,可以分析土拱效应的形成和发展。在 PFC 中,模型内部的应力可以通过布置测量圆来监测。应力的主方向 θ 可计算为:

$$\theta = \frac{1}{2}\arctan\left(\frac{-2\sigma_{xy}}{\sigma_{xx} - \sigma_{yy}}\right) \tag{3-2}$$

式中,σ_{xx}、σ_{xy}、σ_{yy}分别为水平应力、切向应力和法向应力。

图 3-7a)~c)为路堤自重荷载下测量圆内的应力张量。结果表明,同一高度的应力大小相对均匀。这说明在自重作用下,桩与桩间土之间的相对位移很小,此时土拱效应尚未完全形成。在 3 种模型中,路堤内应力随深度的增加而逐渐增大。在未加筋工况下,桩顶荷载与桩间土荷载基本处于同一水平;在两组加筋工况下,即使尚未施加外荷载,筋材的作用也已初步显现。土工格栅在土体自重作用下发生变形,并处于被张拉状态产生张拉膜效应,从而导致加筋工况下桩间土的应力比未加筋工况小。而筋材通过张拉膜效应将部分应力传递到桩顶,筋材及桩顶周围土体应力明显增大。此外,固网技术工况下筋材周围的应力分布更为均匀。且桩顶及土工格栅上方应力的主方向为垂直方向,这与荷载方向一致。

图 3-7d)~i)为 100kPa 和 300kPa 荷载作用下 3 种工况下路堤的应力分布。随着荷载的增加,桩与桩间土的不均匀沉降引起的土拱效应逐步发展。在成拱区域上方出现应力集中现象,而法向应力的主方向与土拱方向基本一致,切向应力的主方向与成拱方向垂直。对于未加筋和两种加筋工况,土拱上方的应力基本相同,法向应力的主方向为垂直方向。未加筋工况下的桩间土应力大于两种加筋工况下的桩间土应力。在固网技术工况中,桩体承受的荷载还包含了筋材传递到桩顶的荷载。

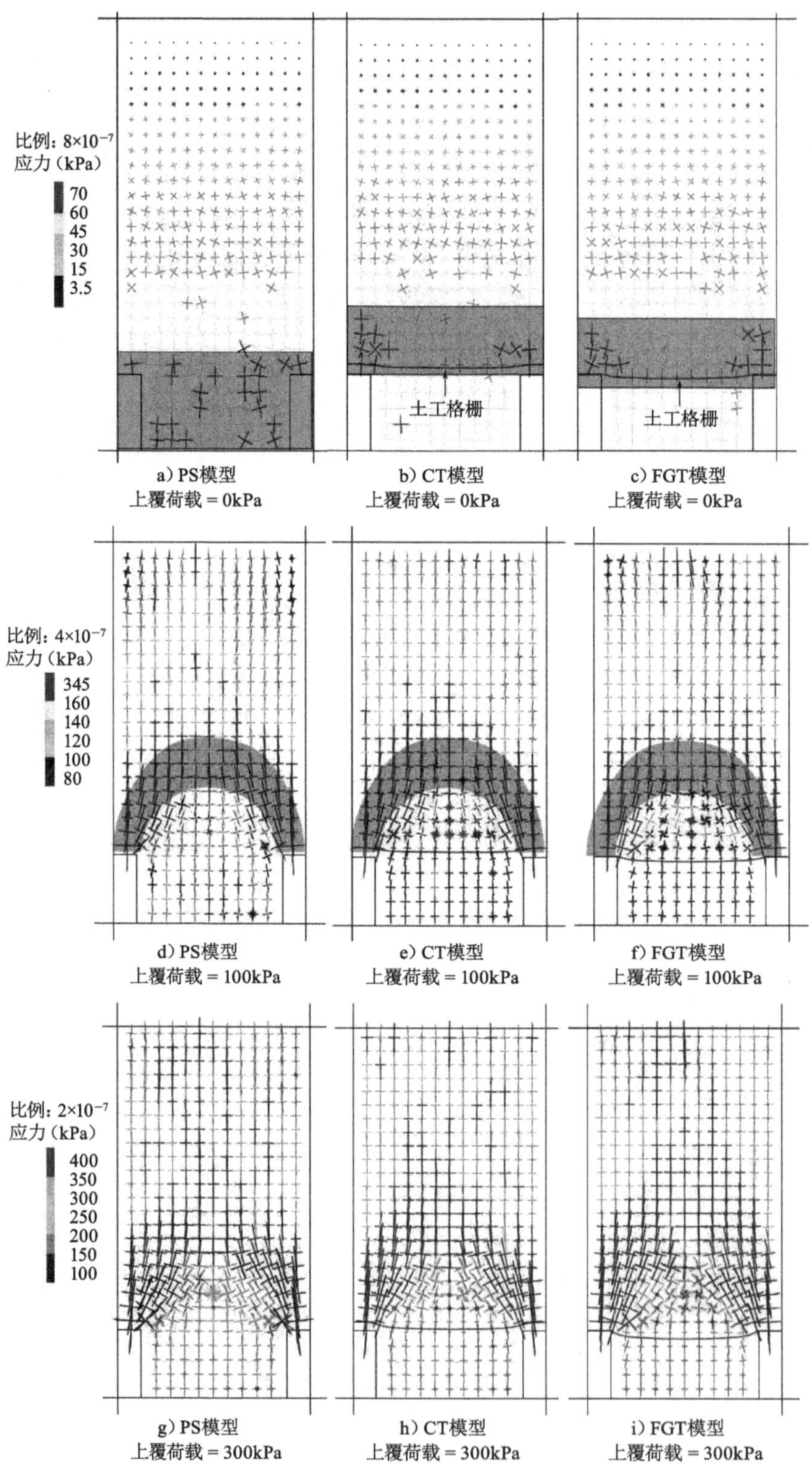

图 3-7　路堤应力张量分布

3.3.3 接触力链演化

颗粒体系中的接触力链是荷载传递路径的直观表征,图 3-8 为 100kPa 荷载作用下模型的接触力链分布。接触力的大小由力链的粗细和密集度表征,如图 3-8 所示,强力链主要分布在土拱上方,而土拱下方的力链相对较弱,这与应力分布是一致的。此外,与传统技术工况相比,固网技术工况下,筋材附近的力链分布更均匀,接触力的幅值更大。

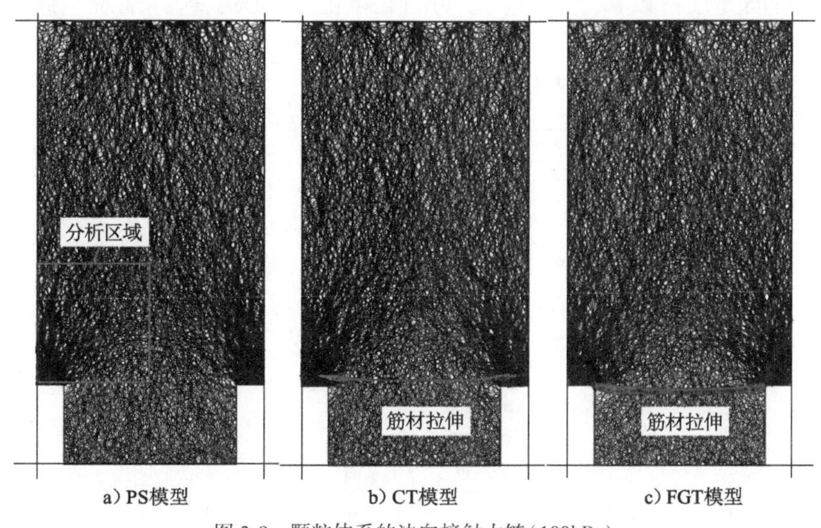

图 3-8 颗粒体系的法向接触力链(100kPa)

颗粒体系中接触力链的演化可以反映散体粒料应力重分布过程。Rothenburg 和 Bathurst 提出傅立叶级数近似法(FSA)适用于颗粒材料的细观组构分析[101]。该方法通过计算特定区域内的接触力信息进行拟合分析。在 FSA 拟合中,法向接触力的密度分布函数可计算为:

$$f_n(\theta) = f_0[1 + a_n\cos2(\theta - \theta_n)] \tag{3-3}$$

式中,f_0为分析区域法向接触力的平均值;a_n为法向接触力的各向异性系数;θ_n为该区域法向接触力的主各向异性方向。

考虑到路堤结构和荷载的对称性,利用图 3-8a)划分的分析区域对成拱区接触力链的细观组构演化进行拟合分析。如图 3-9 所示,FSA 拟合结果显示,在 100kPa 下,各模型法向接触力的主方向约为 15°,其中强力链对主方向的偏转起主导作用。

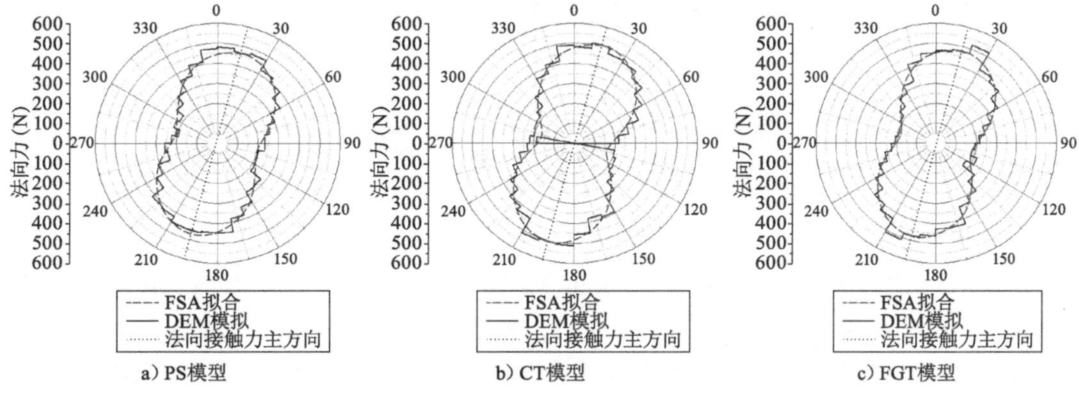

图 3-9 成拱区域内接触力链的 FSA 拟合(100kPa)

图 3-10 为 3 种工况下成拱区法向接触力链细观组构分量随荷载等级的变化曲线。可见其中表征各法向接触力差异程度的组构各向异性系数 a_n 对颗粒位置重排引起的变化更敏感,能够反映颗粒体系组构的细微变化。荷载作用下颗粒的相对旋转和运动直接导致接触主方向的改变,通过颗粒的位置重排形成稳定的细观承载骨架。土体中应力重分布过程可以理解为:当荷载增加到细观承载骨架的极限承载力时,通过颗粒的运动(位置重排)形成新的承载骨架。各向异性系数和接触力主方向的变化正是反映了这种细观承载骨架反复重塑的过程。

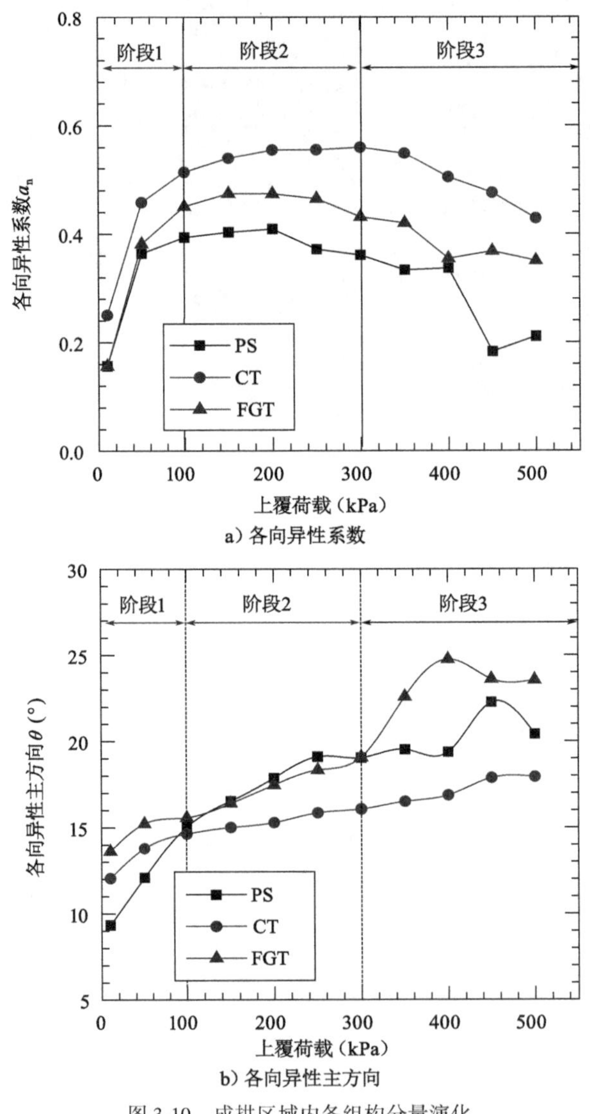

图 3-10 成拱区域内各组构分量演化

图 3-10 中,当荷载小于 100kPa 时,法向接触力的主方向和成拱区各向异性系数均呈增大趋势。这意味着在 0~100kPa 荷载范围内(阶段 1)发生了大规模的颗粒调动和位置重排。随着荷载的增加,第 2 阶段法向接触力各向异性系数波动较小,而成拱区法向接触力主方向仍在增大,表明土拱处于基本稳定状态。a_n 的减小和 θ 的增加表明阶段 3 中成拱区域内的

细观承载结构在不断地破坏与重构,此阶段同时伴随着桩间土沉降的发展。在未加筋工况的加载后期(400~500kPa),土的各向异性系数和法向接触力主方向旋转角度的减小表明土颗粒受到较大的扰动。法向接触力的主方向由水平方向向成拱方向倾斜,并随着荷载的增加而逐渐增大。总体上,固网技术工况下成拱区域内法向接触力的主方向旋转角度最大。值得注意的是,传统技术工况下成拱区法向接触力各向异性系数较大,且主方向角小于其他两种情况。这可能是由于筋材铺设于成拱区内,且该区域的筋-土接触导致主方向倾角较小,各向异性系数大。

3.3.4 路堤荷载传递效率

荷载传递效率 E 常被用于表征桩承式加筋路堤中土拱效应的强弱程度。在桩承式加筋路堤中,路堤荷载通过土拱效应将传递到桩顶,荷载传递效率 E 定义为:

$$E = \frac{F_p}{W} \tag{3-4}$$

式中,F_p 为桩分担的竖向荷载;W 为桩间土分担的荷载。此外,在固网技术工况中,土工格栅通过与桩的黏结接触将荷载直接传递至桩顶。因此,桩承担的竖向荷载 F_p 可以分为两部分:一部分是通过土拱效应传递到桩顶的荷载;另一部分是通过筋材的张拉膜效应传递到桩顶的竖向荷载。这里将通过土拱效应传递的这部分荷载传递效率记为 E',可计算为:

$$E' = \frac{F_p - F_R}{W} \tag{3-5}$$

式中,F_R 为筋材传递到桩顶的荷载的竖向分量。

如图 3-11 所示,固网技术工况下的荷载传递效率 E 始终大于其他两种工况。固网技术、传统技术及未加筋工况下的最大荷载传递效率分别为 66%、62%和 52%。而在固网技术工况下,由土拱效应承担的荷载传递效率 E' 在 28%~40%之间,小于未加筋工况。这表明,固网技术工况下筋材与桩顶的固定连接降低了土拱效应的荷载承载效率。而值得注意的是,在荷载为 400~450kPa 时,未加筋工况下的荷载传递效率从 54%迅速下降到 42%。基于前述分析可知,此阶段成拱区内发生了大规模的颗粒位置重排和细观承载骨架的重塑。而荷载传递效率 E 的变化趋势与组构参数 a_n 的变化趋势一致,表明颗粒体系的细观组构演化是影响土拱效应发展和荷载传递机制的重要因素。且筋材的引入能有效提高荷载传递效率。此外,这一结果也表明固网技术有利于提升桩承式加筋路堤中桩体的承载效率。

为进一步探究固网技术的荷载传递机理,图 3-12 给出了固网技术工况下桩间土的荷载分担比(1-E)、土拱效应(E')和筋材张拉膜效应(E-E')对桩的荷载传递效率。荷载传递过程也基于颗粒体系的细观组构演化分为 3 个阶段。第 1 阶段为土拱快速发展成型阶段:桩间土荷载分担比例由 50%逐渐降低至 37%,通过土拱效应传递至桩顶的竖向荷载增加 10%,而通过筋材传递至桩顶的竖向荷载的比例由 22%增加至 25%。第 2 阶段为土拱的逐步稳定阶段:土拱效应引起的荷载传递效率增幅变小,桩间土的荷载承担比也进一步减小,筋材传递的竖向荷载占比稳定在 25%左右。第 3 阶段为土拱重塑阶段:土拱效应在达到峰值后逐渐减小,而筋材的张拉膜效应更加突出。在 500kPa 的荷载作用下,筋材传递的竖向荷载量增加到 28%,桩间土体的承载比例进一步增大。这意味着土拱结构已达到其承载极限,此时筋材的张拉膜效应逐渐得到充分利用。

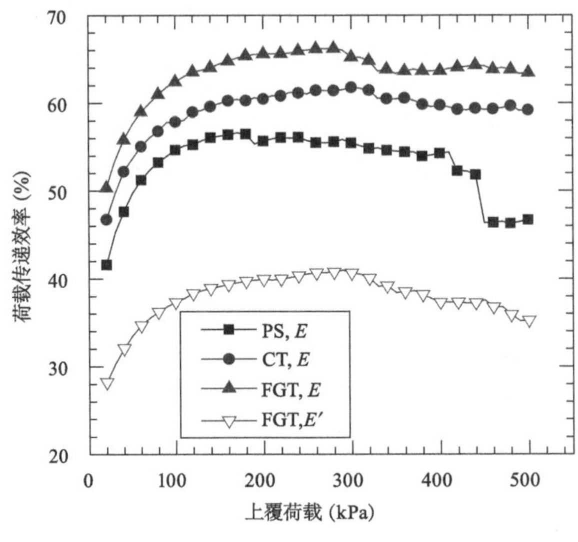

图 3-11　荷载传递效率 E 变化曲线

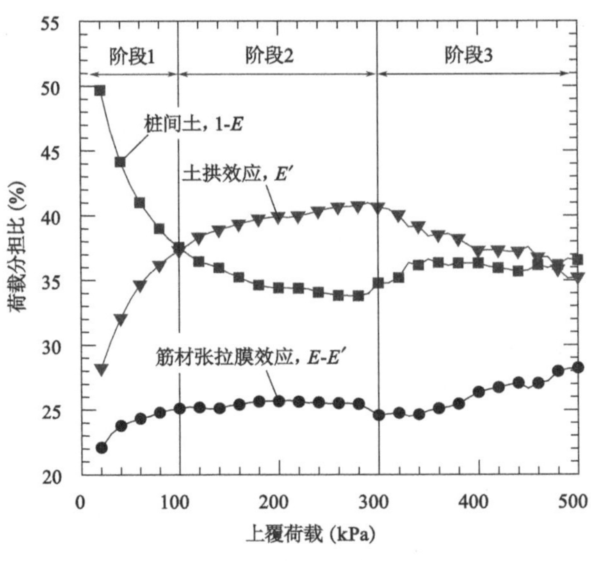

图 3-12　固网技术荷载分担比

3.3.5　筋材变形及轴力

图 3-13 给出了固网技术和传统技术工况下筋材的轴力和竖向位移分布。土工格栅竖向变形最大值出现在两桩中间,至桩顶逐渐减小,整体呈悬链线状分布。固网技术工况下土工格栅的竖向变形与传统技术工况类似,区别在于固网技术工况下靠近桩的筋材颗粒的竖向变形较小。此外,通过监测模型中平行黏结法向力的赋值,可以得到筋材的轴力。

图 3-13b)可以看出,固网技术中土工格栅的变形分布更均匀,筋材的轴力普遍大于传统技术工况。随着荷载的增加,固网技术中筋材轴力的增幅更为显著。而根据前述分析,固网技术可将部分上覆荷载直接传递到桩顶,而传统技术中,筋材是通过与路堤填料(或砂垫层)相互作用将荷载传递到桩。在 500kPa 的上覆荷载作用下,固网技术工况下筋材轴力比传统

技术大 1kN 左右。结果表明,固网技术的荷载传递机制与传统技术不同。

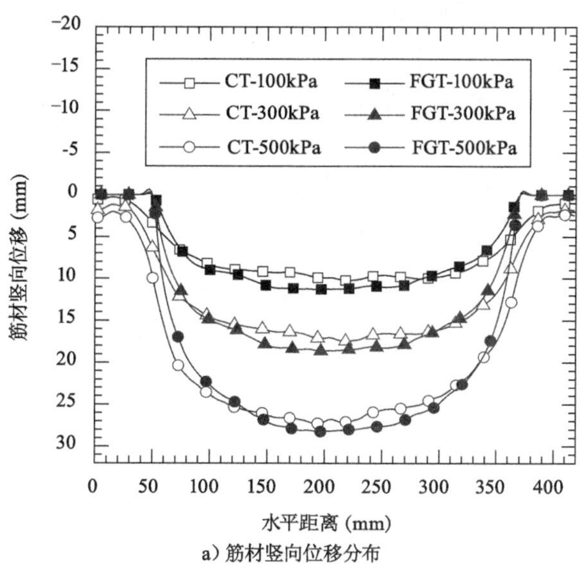

a) 筋材竖向位移分布

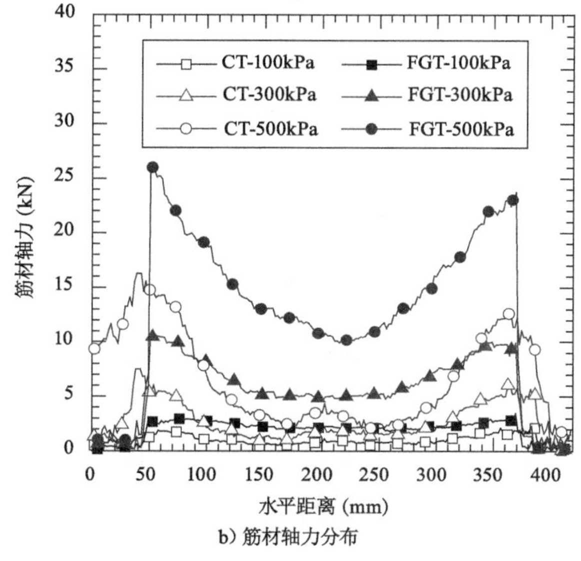

b) 筋材轴力分布

图 3-13 筋材竖向位移与轴力分布

3.4 本章小结

为研究固网技术的荷载传递机制,建立未加筋、传统技术和固网技术 3 种工况下的二维离散元模型。分析了路堤沉降、桩与桩间土的相对位移、路堤应力分布、筋材变形和颗粒体系接触力链的演化。研究结果表明:

(1)土工格栅的引入可以有效控制桩与桩间土之间的不均匀沉降。与传统技术相比,固网技术在减少路堤沉降和桩土差异沉降方面效果更好。

(2)在 3 组工况中,路堤填料内部的应力集中均出现在桩顶附近。与其他两种工况相比,采用固网技术应力集中程度较小,沿路堤-桩间土界面的应力分布更为均匀。固网技术中,筋材可直接将部分荷载传递到桩顶,更有利于荷载传递效率。

(3)细观组构参数在一定程度上可以反映土拱结构的演化。固网技术工况下拱形区域法向接触力链的主方向表明,该技术可有效限制土颗粒的位移。

(4)固网技术减少了荷载通过土拱效应传递到桩体的比例,在本研究中,通过张拉膜效应传递到桩顶的竖向荷载占22%~28%。相对于传统技术,其桩体荷载分担比提高了10%。

(5)固网技术工况下,筋材轴力更大,该技术对筋材的抗拉强度要求更高,以保证桩-筋材间的固定连接更为稳定。

4 桩承式加筋路堤固网技术作用机理

4.1 概述

为了提高桩承式加筋路堤的使用性能,提出了一种新型地基处理技术——桩承式加筋路堤固网技术。与传统技术不同,固网技术在筋材与桩顶之间加入了有效的固体连接,使筋材可以将更多的荷载传递到桩体,同时约束桩体位移。然而,固网技术在工程中虽有应用,但其作用机理尚不清楚,还有待进一步研究。本章采用有限元方法建立二维平面应变模型,通过对固网技术与传统技术两种工况进行对比分析,系统分析固网技术工况下的路堤承载特性。同时,采用两阶段法分析固网技术对单桩侧向位移的约束作用。

4.2 承载特性分析

前文根据桩承式加筋路堤固网技术结构特点,细观分析了路堤荷载作用下固网技术的作用机理。本节采用有限元方法,通过对固网技术与传统技术两种工况进行对比分析,研究固网技术工况下的路堤承载特性。

4.2.1 工程概况及数值建模

本节有限元分析以十(堰)漫(山关)高速公路某一桩承式加筋路堤试验段为研究对象。根据地质勘察资料可知,该试验段土层分布自上而下主要包括冲填土(施工过程中已全部清除)、软黏土、粉质黏土和风化片岩 4 层。路堤高度为 6.0m,路堤顶面宽度为 24.0m。如图 4-1a)所示,桩体连续布置形成桩墙,桩端进入风化片岩层,其中桩墙长 12m,桩墙间距为 3m,桩墙宽0.5m。该试验段具体工程背景见参考文献[2]。采用岩土工程专业有限元软件 PLAXIS,建立如图 4-1b)所示的二维平面应变模型,数值模型计算参数见表 4-1。数值建模过程与参考文献[2]建模过程相同,模型中未考虑地下水的影响。当采用传统技术时,筋材设置于砂石垫层中间。当采用固网技术时,筋材直接铺设在桩顶,筋材与桩在桩顶处共节点。数值模拟过程中路堤分 6 层填筑,第一层填筑 0.5m 砂石垫层和 1.0m 路堤填料,其余 5 层每层填筑 1.0m 路堤填料。

数值模拟计算参数 表 4-1

土 层	天然重度 (kN/m^3)	弹性模量 (MPa)	泊 松 比	黏聚力 (kPa)	内摩擦角 (°)
路堤填料	20.4	30.2	0.30	32.0	28.5
砂石垫层	21.3	26.0	0.30	1.5	30.5
软黏土	19.2	4.3	0.35	12.0	13.6
粉质黏土	19.1	6.4	0.33	15.0	12.2

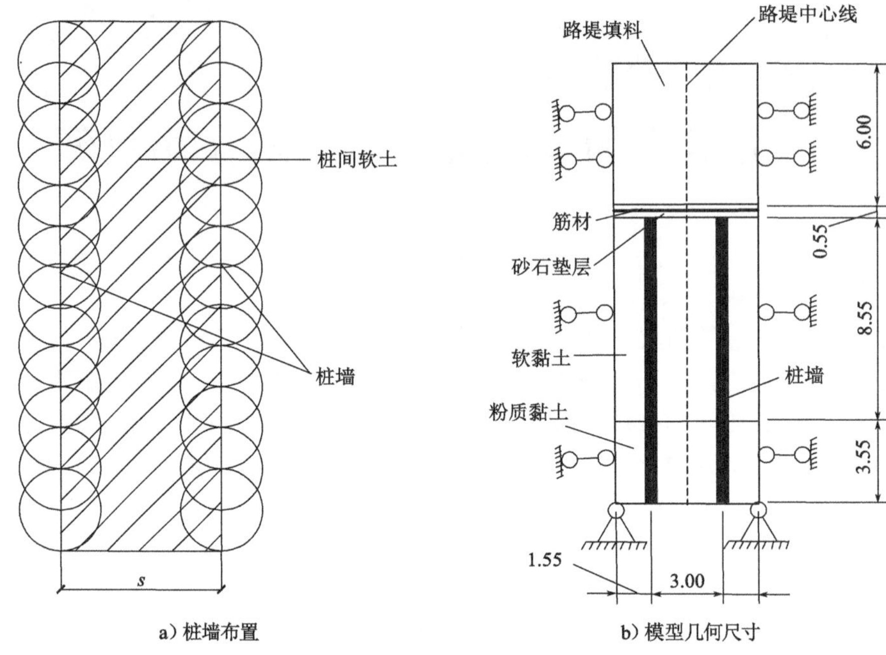

a）桩墙布置　　b）模型几何尺寸

图 4-1　有限元计算模型(尺寸单位:m)

4.2.2　计算结果分析

图 4-2 为路堤填筑完毕时桩承式加筋路堤传统技术(CT)与桩承式加筋路堤固网技术(FGT)两种工况下的地基表面沉降曲线。可以看出,两种工况下的最大沉降和最小沉降分别发生在路堤中心线处和桩顶处。固网技术工况下的最大沉降明显小于传统技术工况,但两种工况下的最小沉降基本相等。因此,固网技术工况下的地基表面差异沉降明显要小于传统技术工况。原因如下:传统技术工况下,由于筋材铺设在砂石垫层中间,路堤荷载作用下桩顶刺入砂石垫层,从而增大了桩间土沉降。固网技术工况下,由于筋材直接铺设在桩顶,有效约束了桩顶向上刺入变形,减小桩间土沉降。同时,由于桩墙刚度较大,在路堤荷载作用下两种工况下的桩墙压缩量均较小。可以看出,固网技术可有效减小地基沉降和差异沉降。

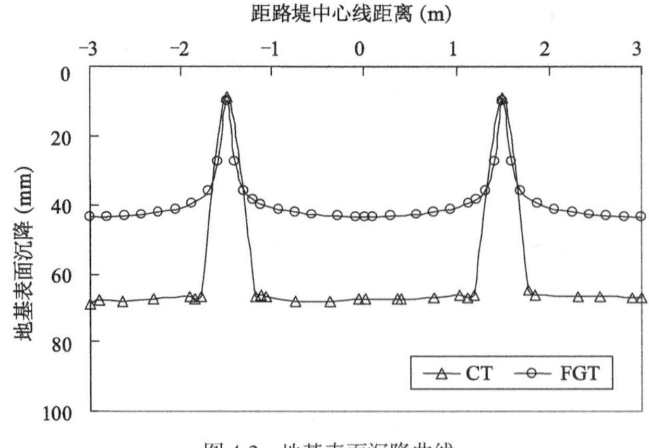

图 4-2　地基表面沉降曲线

路堤荷载作用下,桩间土相对于桩墙产生差异沉降,这种差异沉降使筋材发生张拉变形,产生向上的托举力将路堤荷载传递至桩顶,这种现象叫作张拉膜效应。筋材竖向差异变形作为一项重要评价参数,可以很好地反映筋材张拉膜效应的发挥效率。如图 4-3 所示,由于固网技术与传统技术的构造差异,两种工况下的筋材竖向变形曲线具有显著差异。可以看出,固网技术工况下的筋材竖向差异变形明显大于传统技术工况。路堤填筑完毕时,固网技术与传统技术两种工况下的竖向差异变形分别为 33.6mm 和 5.4mm。

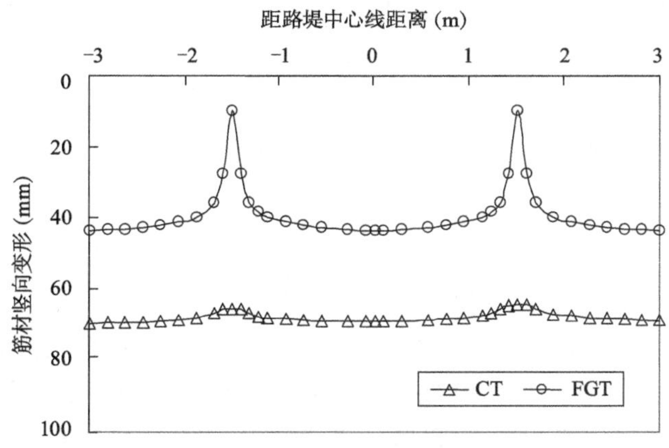

图 4-3 筋材竖向变形曲线

图 4-4 为路堤填筑完毕时固网技术与传统技术两种工况下的筋材轴力分布曲线。两种工况下的筋材轴力均呈非线性分布,筋材最大轴力均发生在桩顶处。固网技术工况下的筋材轴力明显大于传统技术工况,其筋材最大轴力为 189.8kN/m,是传统技术工况的近 5 倍。可以看出,固网技术可有效提高筋材轴力。

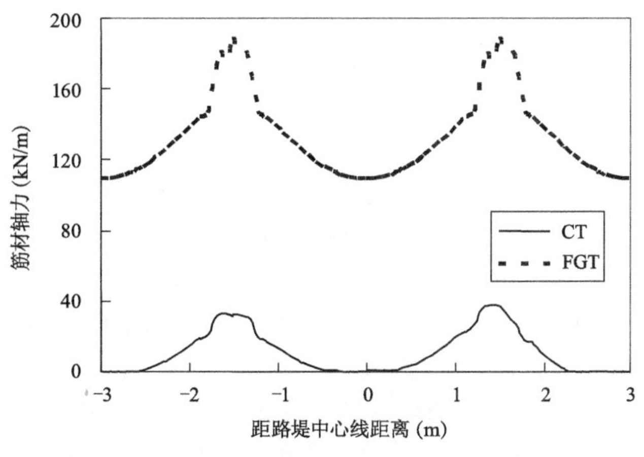

图 4-4 筋材轴力分布曲线

路堤顶面最大沉降包括软土地基的压缩沉降和路堤填料自重引起的填料自身压缩变形。如图 4-5 所示,固网技术与传统技术两种工况下,随着路堤填筑高度的增加,路堤顶面最大沉降逐渐增大。路堤填筑初期,两种工况下的最大沉降基本相同,随着路堤填筑高度的增加,传统技术工况下的路堤顶面最大沉降增幅明显大于固网技术工况。路堤高度从 1m 填筑到 6m 时,传统技术工况下的路堤顶面最大沉降从 13.1mm 增大至 78.1mm,而固网技术工况下的路堤顶面最大沉降从 12.0mm 增大至 51.4mm。路堤填筑完毕时，固网技术工况下的路堤顶面最大沉降比传统技术工况减小了 34.2%。

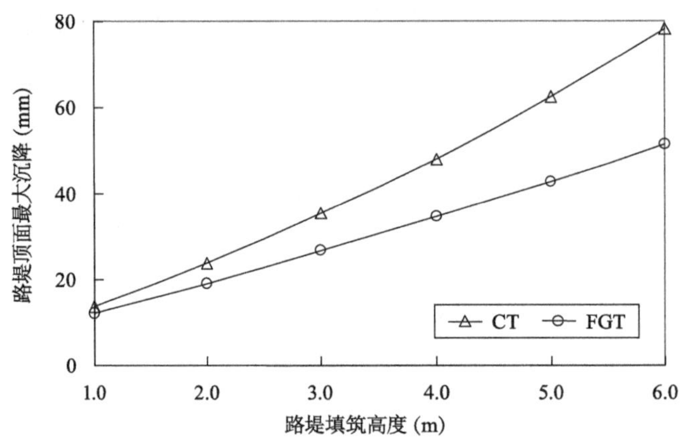

图 4-5　路堤顶面沉降变化规律

如图 4-6 所示，固网技术与传统技术两种工况下的地基表面差异沉降随着路堤填筑高度的增加逐渐增大。与路堤顶面沉降变化规律相似，路堤填筑初期，两种工况下的差异沉降基本相同，随着路堤填筑高度的增加，两种工况下的差异沉降差值逐渐增大。路堤填筑完毕时，传统技术工况下的差异沉降是固网技术工况的近两倍。

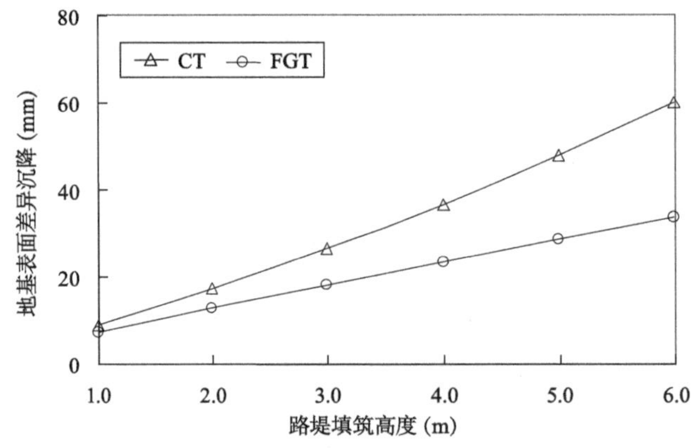

图 4-6　地基表面差异沉降变化规律

桩墙压缩量可以很好地反映桩墙承担荷载的大小。如图 4-7 所示，随着路堤填筑高度的增加，两种工况下的桩墙压缩量呈线性增大。与路堤沉降变化规律相反，固网技术工况下的桩墙压缩量大于传统技术工况，且随着路堤填筑高度的增加，两种工况下的桩墙压缩量差值逐渐增大。相对于传统技术工况，固网技术工况下的桩墙承担更多的路堤荷载，采用固网技术可有效提高路堤荷载传递效率。

桩承式加筋路堤中，筋材轴力是反映张拉膜效应发挥程度的重要指标。如图 4-8 所示，随着路堤填筑高度的增加，两种工况下的筋材最大轴力逐渐增大，但固网技术工况下的筋材最大轴力增幅明显大于传统技术工况。路堤填筑完毕时，固网技术工况下的筋材最大轴力是传统技术工况的近 4 倍。可以看出，采用固网技术可有效提高张拉膜效应发挥程度和筋材效率。

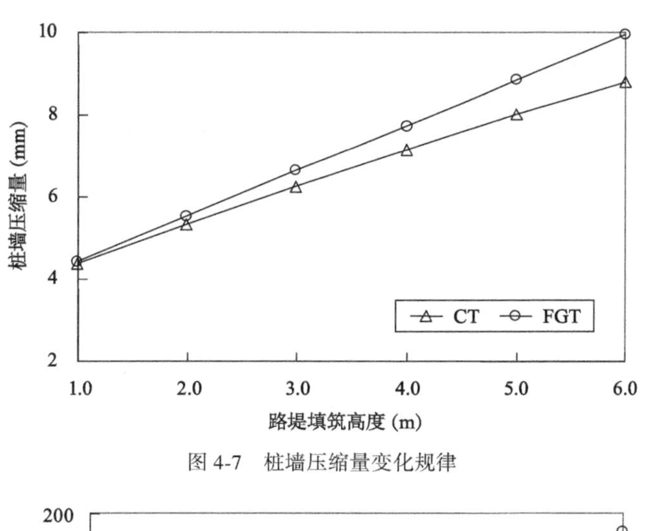

图 4-7 桩墙压缩量变化规律

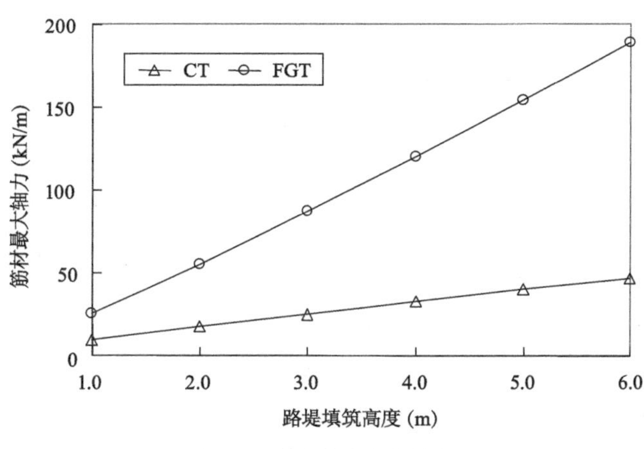

图 4-8 筋材轴力变化规律

4.2.3 参数分析

采用上述数值模拟计算模型，通过改变影响桩承式加筋路堤固网技术中 4 种重要设计计算参数，进行数值模拟对比分析，探讨固网技术的承载特性，为桩承式加筋路堤固网技术的设计计算及其优化设计提供理论依据。

筋材具有良好的抗拉性能，应用在岩土工程中可有效弥补其抗拉强度低的缺点。通过分析以往文献资料可知，筋材抗拉刚度对桩承式加筋路堤传统技术作用效果影响有限[1,77,102]。如图 4-9a）所示，随着筋材抗拉刚度的增加，路堤顶面最大沉降和地基表面差异沉降均呈线性减小。如图 4-9b）所示，筋材抗拉刚度从 10kN/m 增大到 10000kN/m 时，筋材最大轴力呈线性增大，而筋材抗拉刚度从 10000kN/m 增大到 100000kN/m 时，筋材最大轴力增幅显著提高。可以看出，筋材抗拉刚度的增大，可显著减小路堤沉降和地基差异沉降，提高筋材效率。工程应用中可通过增大筋材抗拉刚度来提高固网技术的作用效果。

如图 4-10 所示，随着桩墙弹性模量的增大，路堤顶面最大沉降逐渐减小，而地基表面差异沉降逐渐增大。当桩墙弹性模量较低时，桩墙弹性模量对路堤最大沉降和地基差异沉降影响显著；当桩墙弹性模量增大至 1000MPa 后，随着桩墙弹性模量的增大，路堤最大沉降和地基差异沉降基本不变。与地基差异沉降变化规律相似，当桩墙弹性模量较低时，随着桩墙弹性模量的增大，筋材最大轴力显著增大；当桩墙弹性模量超过 1000MPa 后，桩墙弹性模量对筋材最大轴力的影响不大。

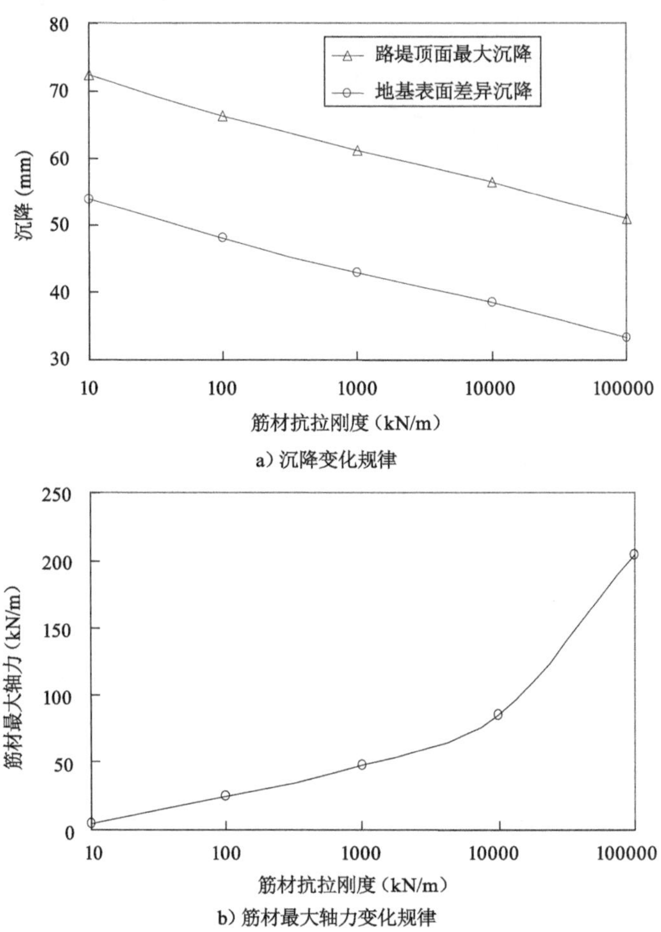

a）沉降变化规律

b）筋材最大轴力变化规律

图 4-9 筋材抗拉刚度的影响

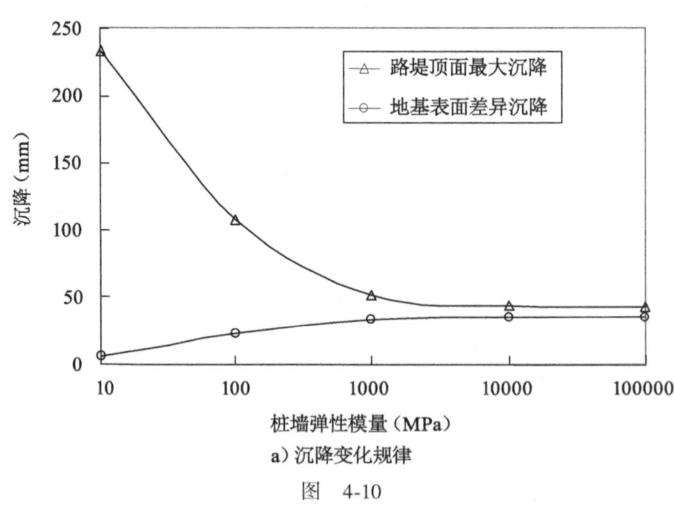

a）沉降变化规律

图 4-10

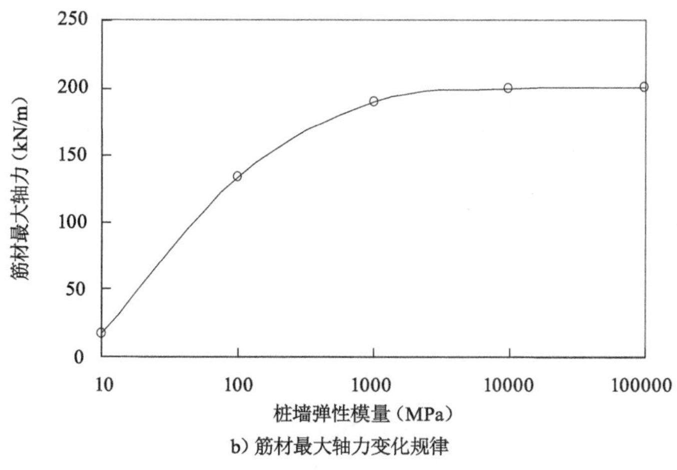

b）筋材最大轴力变化规律

图 4-10 桩墙弹性模量的影响

图 4-11a）为随着桩墙间距的增大，路堤顶面最大沉降和地基表面差异沉降的变化规律。可以看出，随着桩墙间距的增大，路堤顶面最大沉降呈线性增大。当桩墙间距从 2.0m 增大至 3.5m 时，地基差异沉降基本呈线性增大，当桩墙间距超过 3.5m 时，地基差异沉降增幅显著增加。图 4-11b）为随着桩墙间距的增大，筋材最大轴力的变化曲线。可以看出，随着桩墙间距的增大，筋材最大轴力呈 V 字形变化。不同桩墙间距条件下，当桩墙间距为 3.0m 时，筋材最大轴力最小。但总体而言，桩墙间距对固网技术作用效果的影响有限，工程应用时可通过适当增大桩墙间距来降低工程造价。

分别选取桩间软黏土弹性模量 2MPa、3MPa、4MPa、5MPa 和 6MPa 进行参数分析。如图 4-12所示，随着桩间土弹性模量的增大，路堤顶面最大沉降和地基表面差异沉降呈线性减小，但桩间土弹性模量对路堤顶面最大沉降和地基差异沉降的影响不大。同时，随着桩间土弹性模量的增大，筋材最大轴力显著减小。可以看出，采用固网技术时，路堤顶面最大沉降和地基差异沉降对桩间土弹性模量变化的敏感程度较小，而桩间土弹性模量较小时更有利于筋材效率的发挥。

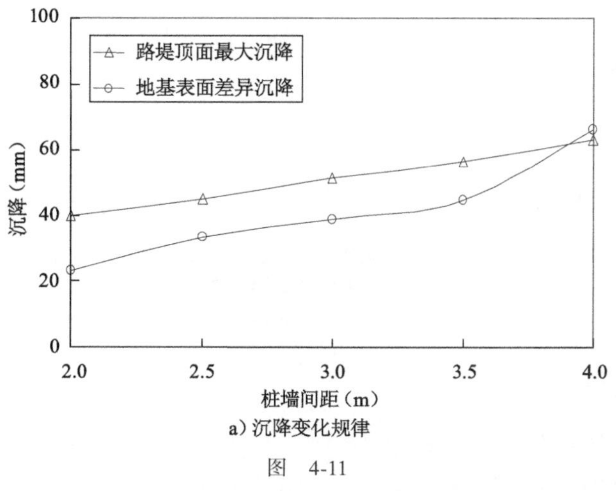

a）沉降变化规律

图 4-11

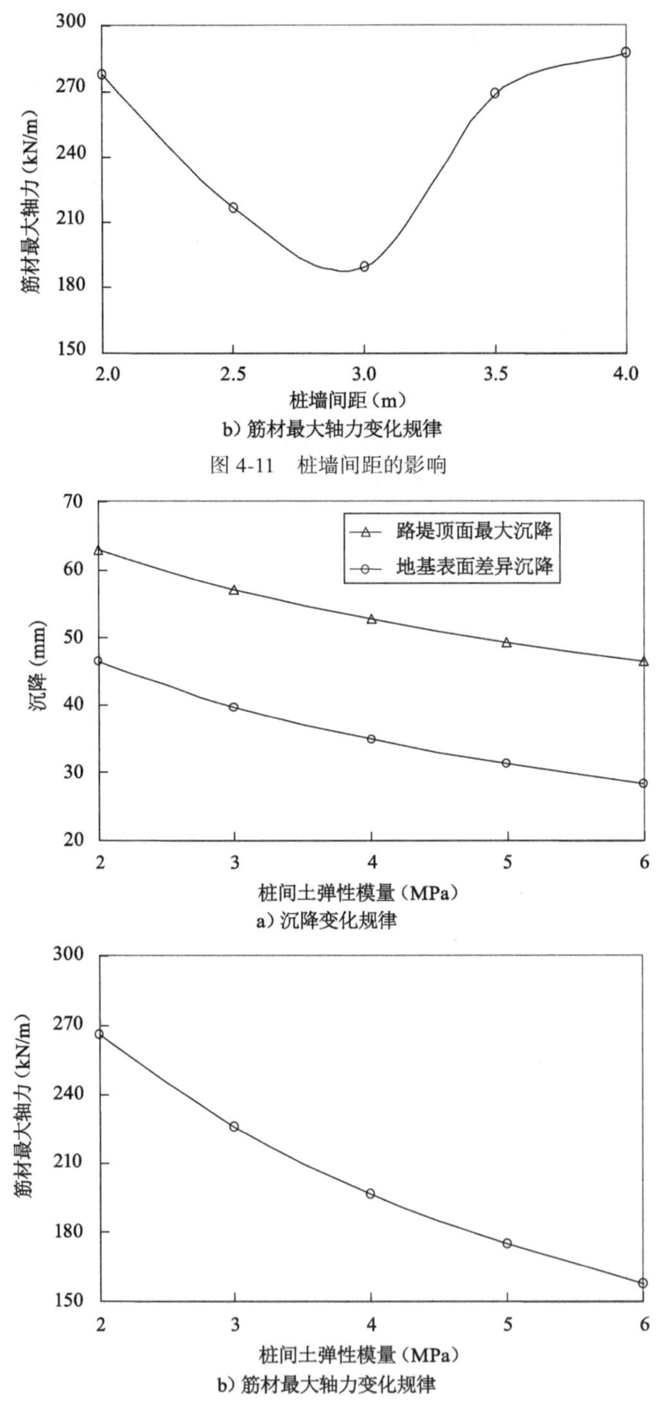

图 4-11　桩墙间距的影响

图 4-12　桩间土弹性模量的影响

4.3　侧向变形特性分析

桩承式加筋路堤固网技术通过钢筋固定头和混凝土固定端组成的固定连接体系将筋材固定在桩顶上，可有效约束桩体侧向位移。本节采用两阶段法分析固网技术对单桩侧向位移的约束作用。

4.3.1 两阶段分析方法

两阶段法是将被动桩分析分为两个阶段:第一阶段得到未加设被动桩时土体自由位移场,第二阶段将自由位移场作为已知条件,分析被动桩的变形和受力特性。

假设路基侧向位移引起的自由位移场为 $h_s(z)$ 。在桩体的作用下,土体的自由位移受到约束,设桩身的最终侧向位移为 $U(z)$,基于桩土变形协调,该位移即为土体的最终侧向位移,即桩土的相对位移为 $\Delta = h_s(z) - U(z)$,由 Winkler 地基模型,约束位移产生的桩侧土压力为:

$$F = k_z\Delta \tag{4-1}$$

式中, k_z 为桩周土体的基床反力系数,定义为桩身某处单位长度土体抗力与桩土相对位移的比值[103]; F 为桩单位长度上的受力大小。

将桩视作弹性地基梁,根据挠曲线方程得到:

$$EI\frac{d^4U(z)}{dz^4} = F \tag{4-2}$$

式中, EI 为桩体抗弯刚度; $U(z)$ 为桩体侧向位移。

结合式(4-1),可以得到土体水平位移对单桩影响的控制微分方程:

$$\frac{d^4U(z)}{dz^4} + 4\lambda^4[U(z) - h_s(z)] = 0 \tag{4-3}$$

式中, $\lambda = \sqrt[4]{k_z/(4EI)}$ 为桩体柔度系数。

将微分转化为差分处理,将桩离散为 l 个长度为 δ 的单元,式(4-3)可转化为对第 i 节点($i=0,1,2,\cdots,l$)的差分方程:

$$U_{i-2} - 4U_{i-1} + [6 + 4(\lambda_i\delta)^4]U_i - 4U_{i+1} + U_{i+2} = 4(\lambda_i\delta)^4h_s(i) \tag{4-4}$$

利用桩顶和桩底的边界条件,可以求解各个节点处的桩身位移。然后,利用桩体位移、转角与内力之间的差分关系,可以求解出桩身各处转角和内力:

$$\begin{cases}\theta(z) = \dfrac{dU(z)}{dz}\\ M(z) = EI\dfrac{d^2U(z)}{d^2z}\\ V(z) = \dfrac{dM(z)}{dz}\end{cases} \tag{4-5}$$

4.3.2 单桩分析

下面通过 Goh 在分析路堤荷载作用下桩体侧向位移中的一实例[104],对比分析固网技术与传统技术两种工况下路堤坡脚处支护边桩的变形和受力特性。桩长 $L=25$m、桩径 $d=1$m 的等截面桩体,桩端打入岩层。土体为软黏土, $c_u=20$kPa,初始剪切模量 $G_i=1200$kPa,土体弹性模量 $E_s=2000$kPa。假设路基自由位移场为图 4-13 中 3 种常见位移模式。

传统技术中,由于筋材与砂石垫层的界面摩阻力有限,筋材对桩体侧向位移的影响不大。而固网技术中,筋材与桩顶固定连接,可通过筋材自身轴力直接约束桩顶侧向位移。理论分析时,忽略筋材与砂石垫层的界面摩阻力对桩体侧向位移的影响。传统技术工况下假

设支护边桩桩顶为自由,固网技术工况下假设仅通过筋材自身轴力约束桩顶侧向位移,将筋材约束作用模拟为约束弹簧作用于桩顶:

$$F = k' \nabla \tag{4-6}$$

式中,∇为桩顶侧向位移;k' 为弹簧刚度系数,计算分析时取 $k' = 2.87\mathrm{MN/m^2}$。

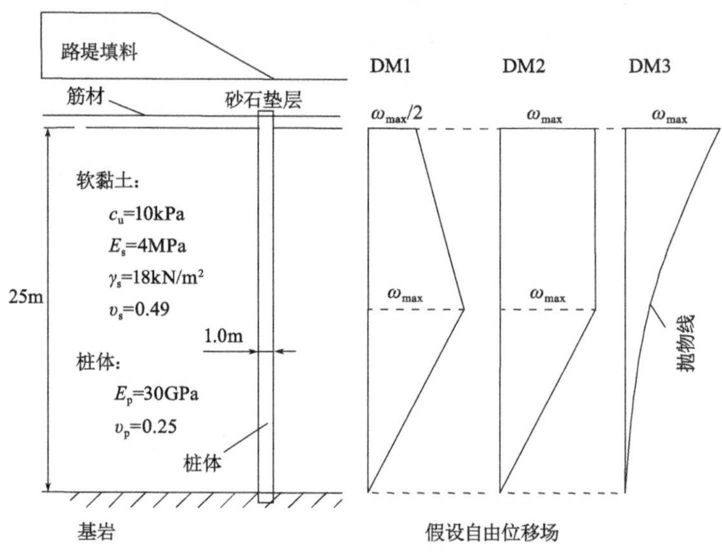

图 4-13 路基自由位移场模式

图 4-14 为 3v 种不同自由位移场模式下单桩侧向位移分布曲线。在 DM1、DM2 和 DM3 三种不同自由位移场作用下,相对于传统技术工况,固网技术工况下桩顶侧向位移分别减小了 59.2mm、94.1mm 和 80.8mm。3 种不同自由位移场作用下的固网技术对桩顶侧向位移约束作用效果从大到小依次为:DM2、DM3 和 DM1。可以看出,沿桩身一定深度范围内,固网技术可有效减小桩体侧向位移;但随着深度的增大,固网技术对桩体侧向位移的影响逐渐减小;当超出某一深度时,两种工况下的桩体侧向位移基本相同。在本次计算分析中,3 种不同自由位移场模式下的固网技术对桩体侧向位移约束作用的有效深度均为 11m 左右。

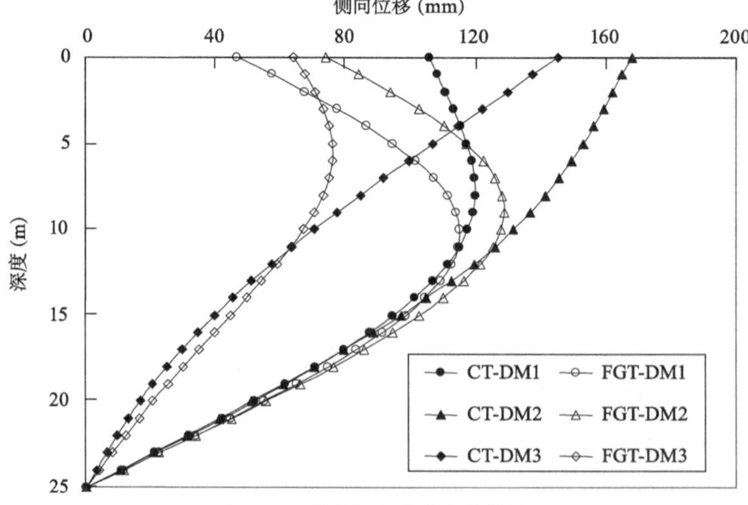

图 4-14 桩体侧向位移分布曲线

如图 4-15 所示,固网技术工况下的桩身最大弯矩明显大于传统技术工况。在 DM1 和 DM2 两种自由位移场模式作用下,固网技术工况下的桩身弯矩分布曲线基本相同,且分布规律与传统技术工况下的桩身弯矩分布规律相似。但是,在 DM3 自由位移场模式作用下,固网技术与传统技术两种工况下的桩身弯矩分布规律具有显著差异。相对于传统技术工况,在 3 种不同自由位移场(DM1、DM2 和 DM3)作用下,固网技术工况下的桩身最大弯矩分别增大了 1.5 倍、2.6 倍和 1.8 倍。

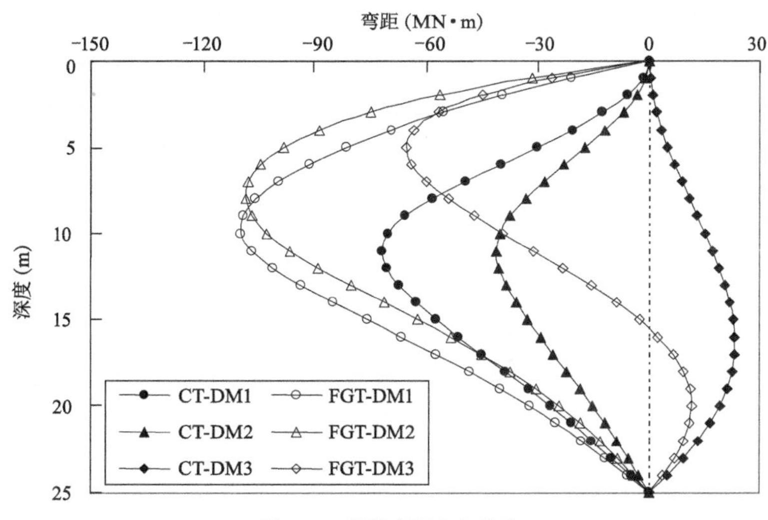

图 4-15 桩体弯矩分布曲线

图 4-16 为 3 种不同自由位移场模式下,桩体剪力随桩身深度增加的分布曲线。传统技术工况下,由于桩顶自由约束,桩顶剪力为零。而固网技术工况下,桩身最大剪力位于桩顶,且最大剪力明显大于传统技术工况。固网技术工况下,3 种自由位移场(DM1、DM2 和 DM3)模式下的桩顶剪力分别为 44.8MN、71.0MN 和 61.4MN。结合图 4-15 可知,固网技术工况下的桩身最大弯矩和剪力远大于传统技术工况。工程应用时,应保证桩体满足抗弯和抗剪强度要求。

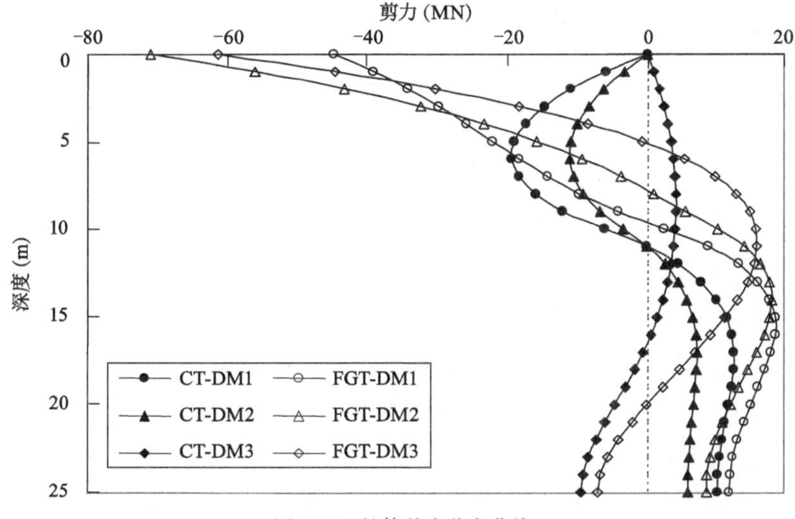

图 4-16 桩体剪力分布曲线

4.3.3 参数分析

以上述算例参数为基础,分析固网技术中筋材抗拉刚度、桩体抗弯刚度、土体弹性模量对桩体侧向位移和桩身内力的影响。

为了分析筋材抗拉刚度对固网技术的影响,分别选取筋材抗拉刚度为 0MN/m、50MN/m、100MN/m、200MN/m 和 300MN/m 5 种不同工况进行对比分析。筋材抗拉刚度为 0MN/m 工况下桩体侧向位移和桩身内力的计算值即为传统技术工况下的计算值。如图 4-17a)所示,随着筋材抗拉刚度的增大,桩顶侧向位移逐渐减小,但桩顶侧向位移减幅逐渐减小。如图 4-17b)所示,随着筋材抗拉刚度的增大,桩身最大弯矩和最大剪力逐渐增大。与侧向位移变化规律相似,随着筋材抗拉刚度的增大,筋材抗拉刚度对桩身内力的影响逐渐减小。

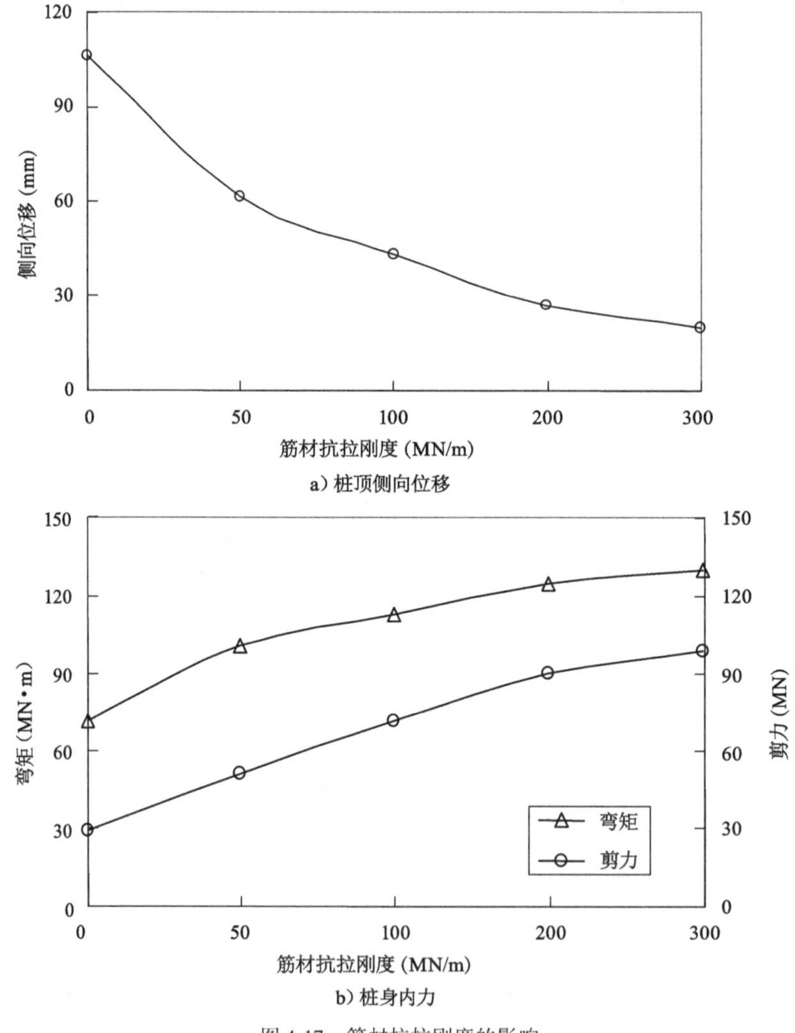

图 4-17 筋材抗拉刚度的影响

针对桩体抗弯刚度为 200MN · m^2、400MN · m^2、600MN · m^2、800MN · m^2 和 1000MN · m^2 5 种不同工况,对比分析固网技术中桩体抗弯刚度对桩体侧向位移和桩体内力的影响。图 4-18a)为随桩体抗弯刚度增大的桩顶侧向位移变化曲线。随着桩体抗弯刚度的增大,桩顶侧向位移逐渐增大;当桩体抗弯刚度从 400MN · m^2增大至 600MN · m^2时,桩顶侧向位移增幅显著提高;而当桩体抗弯刚度继续增大时,桩顶侧向位移呈线性增大。如图 4-18b)所示,随着桩体抗弯刚度的增大,桩身最大弯矩和最大剪力呈线性增大。

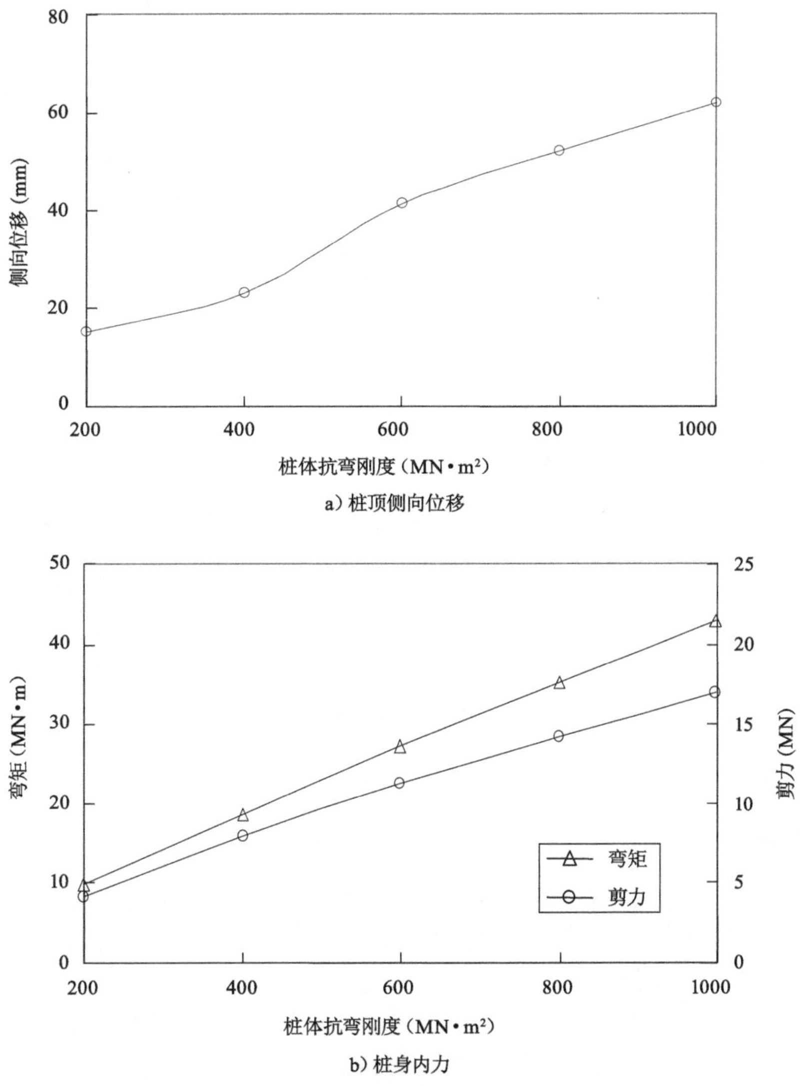

a) 桩顶侧向位移

b) 桩身内力

图 4-18 桩体抗弯刚度的影响

分别采用 5 种不同土体弹性模量:1000kPa、1500kPa、2000kPa、2500kPa、3000kPa,对比分析土体弹性模量对固网技术作用效果的影响。由图 4-19 可知,随着土体弹性模量的增大,桩顶侧向位移逐渐减小,但土体弹性模量对桩顶侧向位移的影响逐渐减小。与桩顶侧向位移变化规律相似,随着土体弹性模量的增大,桩身最大弯矩和最大剪力呈非线性减小。

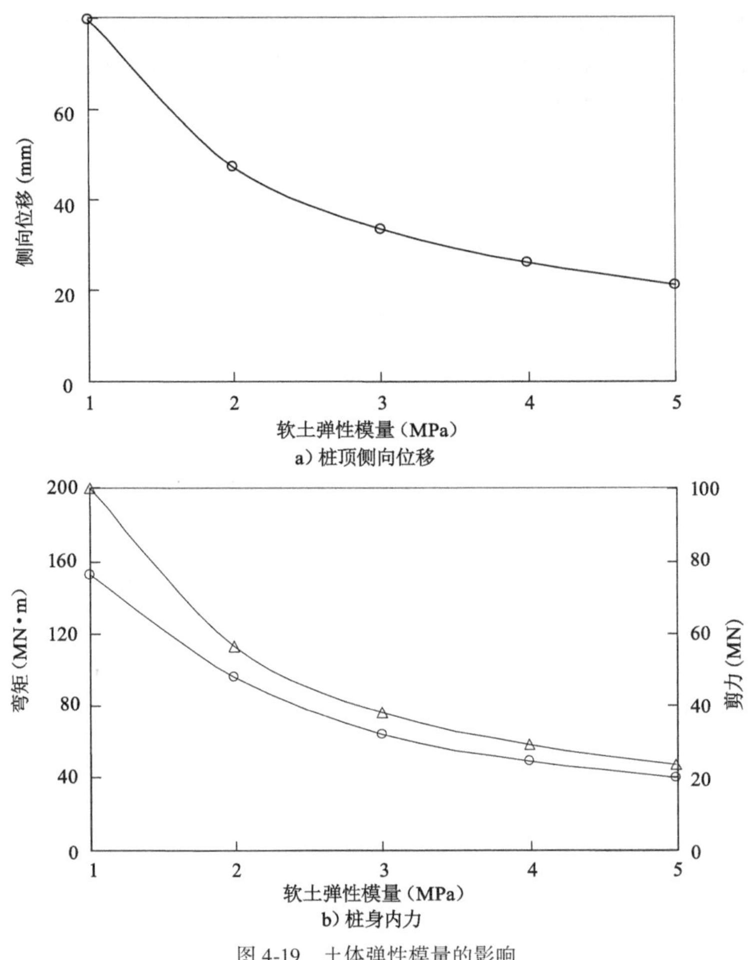

图 4-19　土体弹性模量的影响

4.4　本章小结

为进一步理清桩承式加筋路堤固网技术作用机理，采用有限元法建立二维平面应变模型，分析路堤荷载作用下固网技术承载特性。同时，采用两阶段法分析固网技术对单桩侧向位移的约束作用。研究结果表明：

(1)通过有限元分析可知，固网技术可有效减小路堤顶面最大沉降和地基表面差异沉降，增大筋材竖向差异变形，提高桩体效率和筋材效率。随着筋材抗拉刚度的增大，固网技术工况下的路堤顶面最大沉降和地基表面差异沉降逐渐减小，筋材最大轴力显著提高。

(2)当桩墙弹性模量较低时，随着桩墙弹性模量的增大，固网技术工况下的路堤顶面最大沉降显著减小，而地基表面差异沉降显著增大。当桩墙弹性模量增大至一定值后(本次分析中桩墙弹性模量为 1000MPa)，桩墙弹性模量对固网技术加固效果的影响不大。桩墙间距对固网技术作用效果的影响有限，工程应用时可通过适当增大桩墙间距来减小工程造价。

(3)通过两阶段法分析可知，在一定深度范围内固网技术可有效减小桩体侧向位移。同时，固网技术工况下的边桩桩身最大弯矩和剪力远大于传统技术工况。工程应用时，应保证桩体满足抗弯和抗剪的要求。

5 桩承式加筋路堤固网技术现场试验

5.1 概述

路桥过渡段桥台与路堤的差异沉降,使路面纵坡出现台阶,车辆通过时易发生桥头跳车现象,严重影响着行车舒适性和安全性,降低了车辆的行驶速度和道路通行能力[105-107]。同时,车辆通过路桥过渡段时,产生不利的动荷载,加速了桥台、支座、伸缩缝及路面结构的损坏[108-110]。根据对汉宜(武汉至宜昌)高速公路路桥过渡段维修费用进行的统计分析,预计我国每年用于高速公路路桥过渡段维修费用将超过 1.2 亿元人民币[111]。目前,虽然人们对产生桥头跳车的原因早已达成共识,但在路桥过渡段处治技术上仍存在较大分歧,路桥过渡段桥头跳车问题仍未得到有效解决。

路桥过渡段桥台与路堤填料以及地基土刚度的较大差异是产生桥头跳车的主要原因。桥台台身大多数为钢筋混凝土结构,自身变形量可以忽略不计,而桥梁基础以大直径钻孔灌注桩为主,其沉降往往很小。从路桥过渡段变形机理考虑,路桥过渡段差异沉降主要包括桥头地基的固结沉降和路堤填料的压缩变形两个方面。

本章在桩承式加筋路堤固网技术的基础上,针对构成路桥过渡段差异沉降的两个方面,提出了一种包括路堤填料加筋技术、桩承式加筋路堤传统技术和固网技术的联合处治方法,并应用于长安高速公路长治东枢纽工程 MCK40+826 大桥东侧路桥过渡段。同时,通过现场系统的试验监测,分析其受力与变形规律,为高速公路路桥过渡段设计和施工提供参考和建议。

5.2 试验过程

5.2.1 工程概况

长安(长治至安阳)高速公路长治至平顺段位于山西省东南部,公路沿途地貌单元主要有黄土覆盖构造剥蚀基岩低中山区、陶清河山间凹陷区、冲积平原区。本试验段场地位于长安高速公路长治至平顺段第十一合同段长治东枢纽工程 MCK40+826 大桥东侧路桥过渡段(图 5-1)。

该试验段地貌类型主要为丘陵地貌,分布地层主要为新生界第四系全新统冲洪积粉质黏土、砂砾土、中更新统冲洪积粉质黏土等。根据地质勘察资料,该试验段地基土自上而下含以下地层。

(1)种植土:褐黄色,稍湿,稍密,富含植物根系,见少许钙质结核,厚度为 0.2~0.5m,平均 0.35m,且在施工时已全部清除。

(2)粉质黏土:褐色,可塑,土质均匀,黏性中,虫孔发育,含钙化菌丝,厚度为 2.9~4.3m,平均 3.5m。

(3)粉土:褐黄色,稍湿,较为松散,土质不均一,见圆砾及粗砂薄层,厚度为 5.7~6.3m,平均 6.12m。

图 5-1　路桥过渡段试验现场

(4)砂砾层:灰黄色,稍湿,中密,含量约 40%,粗砂充填,粒径一般为 1~2.5cm,最大 5cm,厚度为 3.4~4.7m,平均 4.08m。

(5)黏土:褐红色,稍湿,硬塑,虫孔发育,土层较为致密,含砾卵石少量,厚度为 10.3~14.9m,平均 12.5m。

该区属典型中温带半湿润大陆性季风气候,全年冬无严寒,夏无酷暑,雨热同季。一般年降水量在 537.4~656.7mm 之间,地质勘察范围内未发现地下水。试验段路堤顶面宽度为 34m,路堤填筑高度为 5m,路堤坡率为 1∶1.5。

5.2.2　现场试验设计

针对构成路桥过渡段差异沉降的两个方面,对路堤台背地基进行处理,对路堤填料进行加筋处理。考虑到以减小桥头跳车现象和固网技术试验研究为目的,地基处理部分采用固网技术、传统技术和加筋技术渐变式地基处理方式。具体方案是在邻近桥台台背处打入 5 排钻孔灌注桩,采用正方形布桩,桩径为 500mm,桩间距为 3.5m,桩长为 10m,以穿透粉土层、进入砂砾层 0.5m 为准。前三排桩采用固网技术,后两排桩采用传统技术,其中第一排桩桩顶设置连续桩梁,后四排桩桩顶设置尺寸为 1000mm×1000mm×250mm 的桩帽。地基处理中筋材采用高强度三向土工格栅,筋材沿路堤纵向铺设 30m。同时,在路堤填筑至 4m 处铺设一层高强度三向土工格栅,具体试验方案如图 5-2 所示。

传统技术中桩帽设计如图 5-3 所示,桩身与桩帽(桩梁)搭接处设计如图 5-4 所示,固网技术中桩帽及混凝土固定端设计如图 5-5 所示,固网技术中桩梁设计如图 5-6 所示。桩梁与桩帽中各设置一层 ϕ6mm@100mm×100mm 钢筋网,固网技术中铺设筋材前在桩帽上设置 4 根 ϕ8mm 钢筋固定头,钢筋固定头长度为 150mm,其中 100mm 埋设于桩帽,50mm 外露于桩帽(梁),铺设筋材后支模并现浇 100mm 厚混凝土作为混凝土固定端。

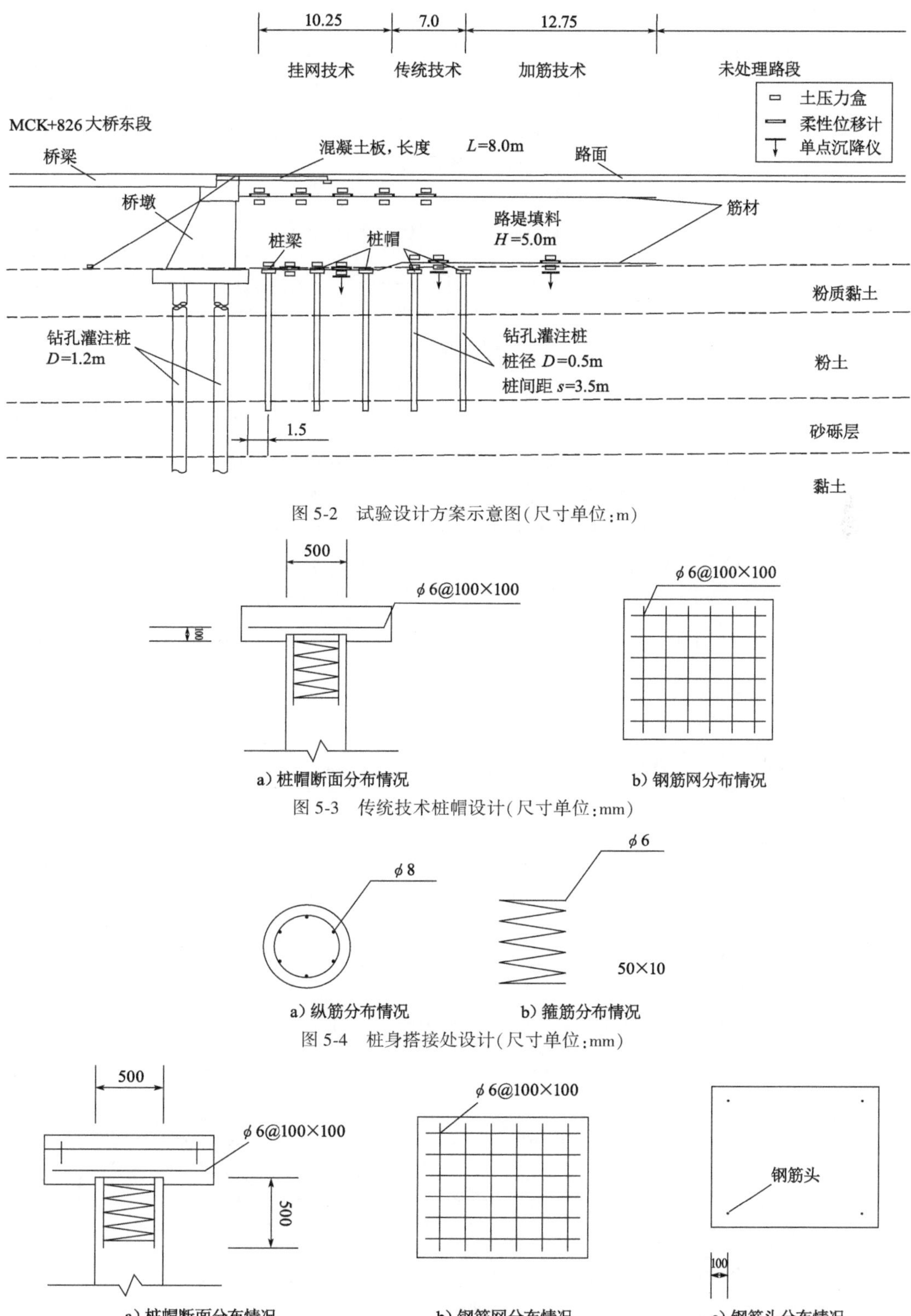

图 5-2　试验设计方案示意图(尺寸单位:m)

图 5-3　传统技术桩帽设计(尺寸单位:mm)

图 5-4　桩身搭接处设计(尺寸单位:mm)

图 5-5　固网技术桩帽设计(尺寸单位:mm)

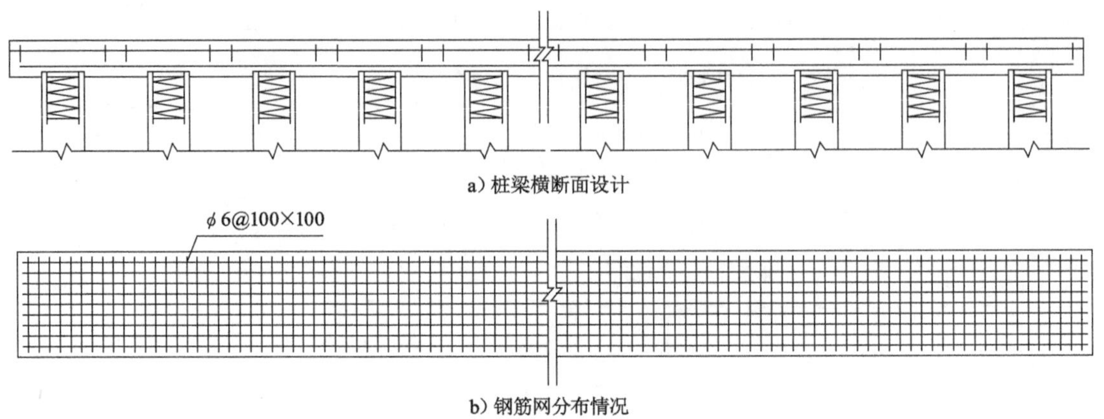

图 5-6　固网技术桩梁设计(尺寸单位:mm)

分别对试验段路堤中心轴处(断面Ⅰ)和路堤边坡处(断面Ⅱ)两个断面进行监测分析,具体现场试验监测方案如图 5-7 所示。路桥过渡段地基处理部分,分别对固网技术、传统技术和加筋技术中筋材上下表面土压力、筋材变形量、地基沉降和距路堤坡脚 1.0m 处侧向位移进行现场监测。路桥过渡段路堤填料加筋部分,分别对筋材上下表面土压力和筋材变形量进行现场监测。地基处理部分监测仪器布置如图 5-8 所示,地基处理部分单桩影响范围监测仪器布置如图 5-9 所示,路堤加筋部分监测仪器布置如图 5-10 所示。

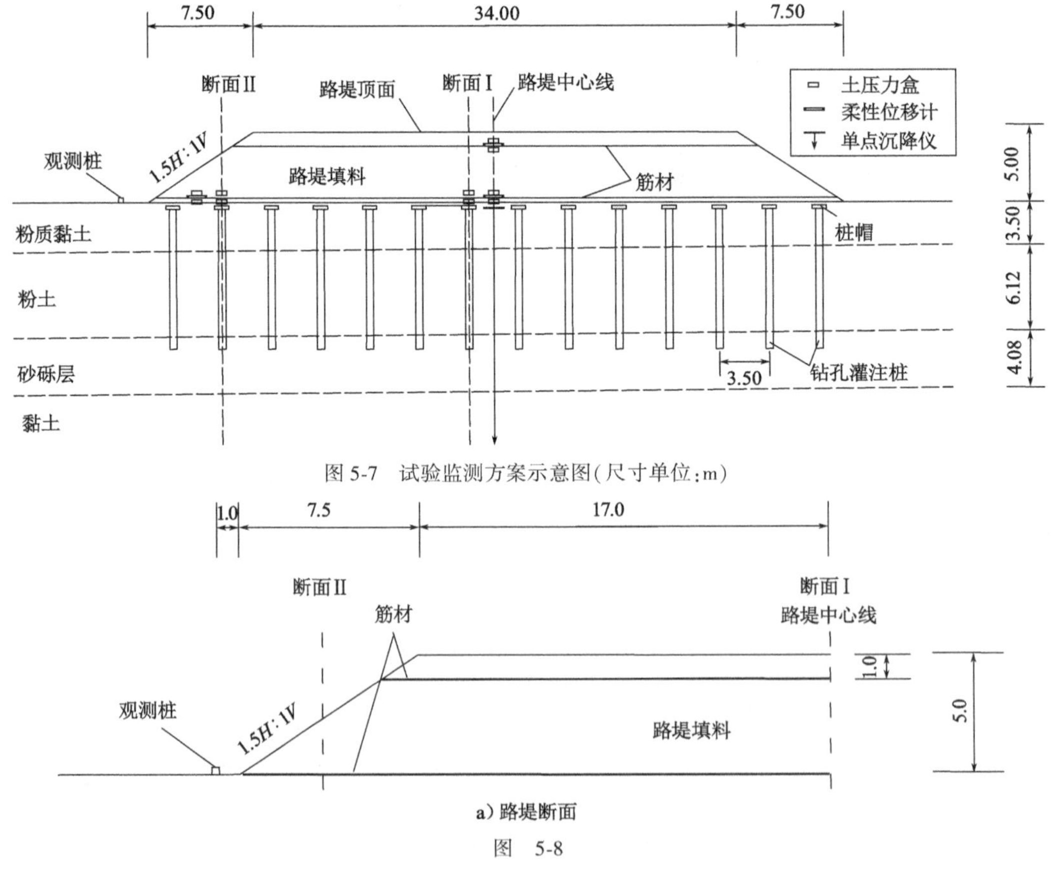

图 5-7　试验监测方案示意图(尺寸单位:m)

图　5-8

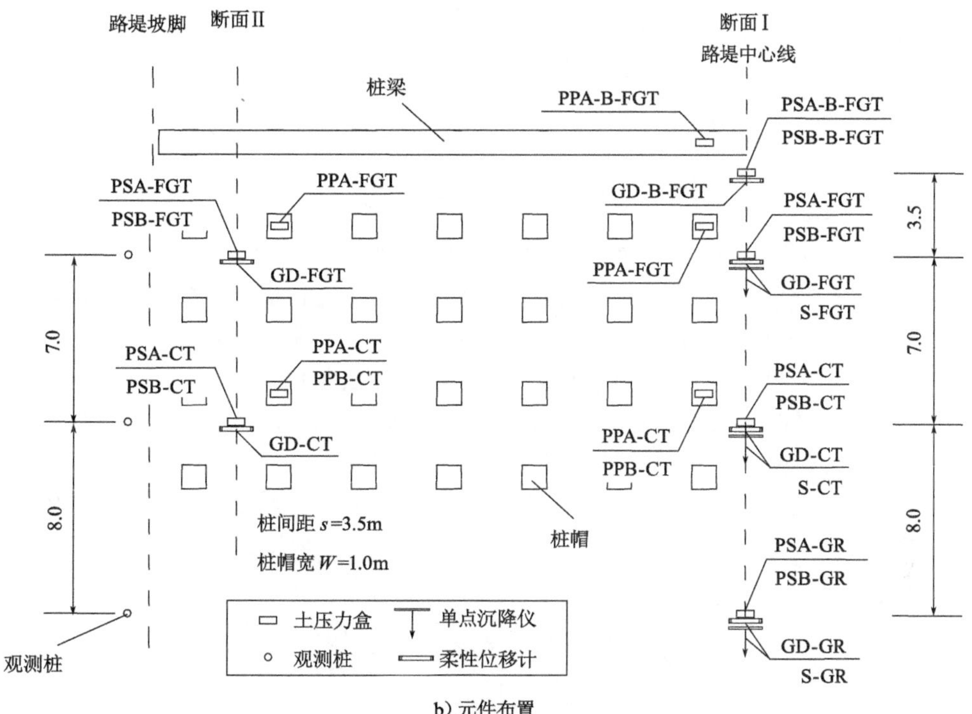

b）元件布置

图 5-8 地基处理部分监测元件布置图（尺寸单位：m）

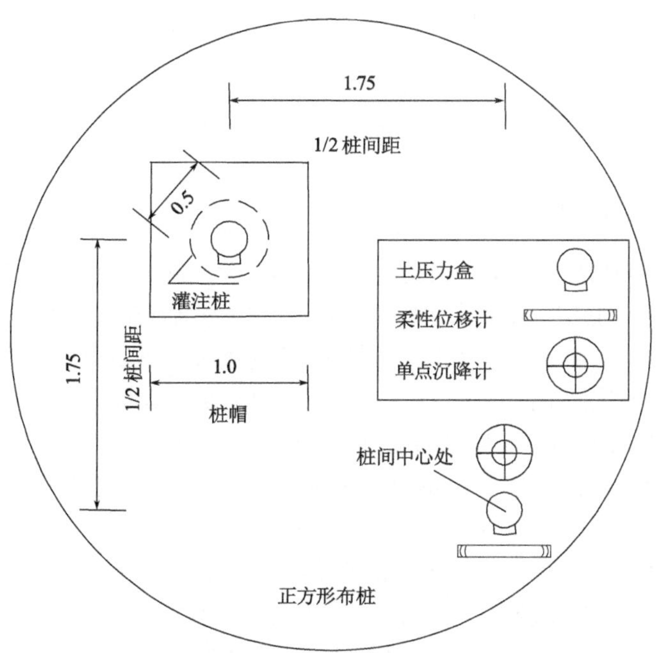

图 5-9 单桩影响范围监测元件布置图（尺寸单位：m）

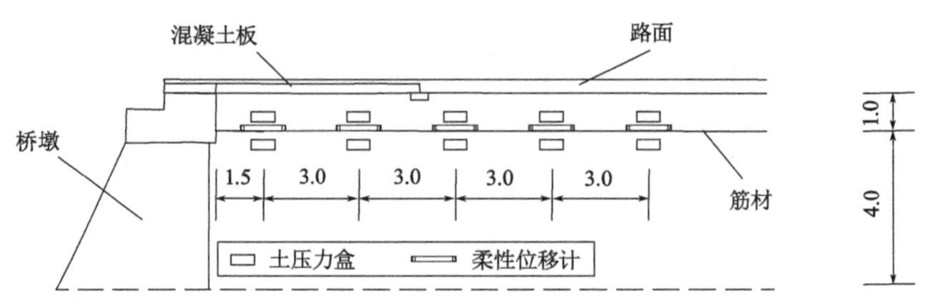

图 5-10　路堤加筋部分监测元件布置图(尺寸单位:m)

现场试验监测指标中土压力通过埋设振弦式土压力盒进行监测,筋材变形量通过埋设柔性位移计进行监测,地基沉降通过埋设单点位移计进行监测,距路堤坡脚 1.0m 处侧向位移通过观测桩进行监测。土压力盒和单点位移计为常规土工监测仪器,在此不作赘述。柔性位移计主要由固定螺栓、伸缩杆、数据处理设备和信号线组成(图 5-11),通过固定螺栓将伸缩杆两端固定在筋材上,使伸缩杆与筋材协同变形。当筋材发生拉伸变形时,伸缩杆产生等量变形,通过数据处理设备记录该变形量并转换为数字信号,通过信号线将数字信号传输至终端。

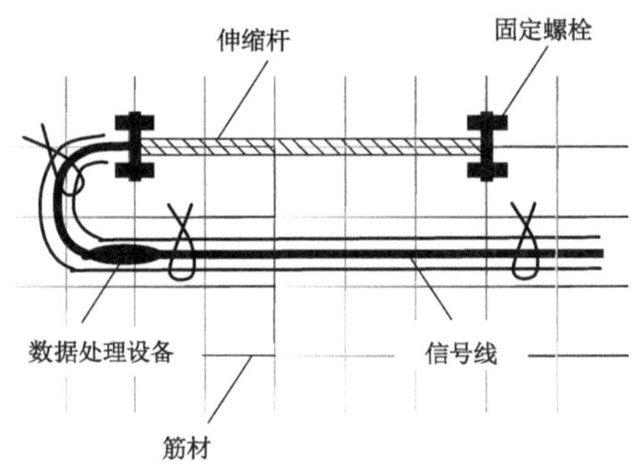

图 5-11　柔性位移计构造示意图

5.3　试验成果分析

图 5-12a)为随时间增加的路堤填筑高度变化曲线。为了减小工后沉降,当路堤填筑至4.3m后设置一段时长为 93d 的施工间歇期,使地基土充分沉降固结。施工间歇期后填筑剩余部分路堤,路堤填筑为期 137d。由于现场施工条件约束,路堤填筑完毕后第三天终止现场监测。

由于监测指标众多,采用如下方式区分地基处理部分不同类型和埋设位置监测指标:FGT、CT 和 GR 分别表示固网技术、传统技术和加筋技术;PPA-B 和 PSA-B 分别表示筋材上表面桩梁顶和桩梁间土土压力,PSB-B 表示筋材下表面桩梁间土土压力;PPA 和 PSA 分别表示筋材上表面桩帽顶和桩间土(地基土)土压力,PPB 和 PSB 分别表示筋材下表面桩帽顶和桩间土(地基土)土压力;GD 和 S 分别表示筋材变形量和桩间土(地基土)沉降量。

图 5-12b)为随着路堤填筑高度的增加,加筋技术试验段筋材上下表面土压力变化规律。随着路堤填筑高度的增加,筋材上下表面土压力逐渐增大,且增幅基本相同。同时,可以看出筋材上下表面土压力与理论土压力值基本吻合,充分验证了本次试验用土压力盒监测数据的可靠性。

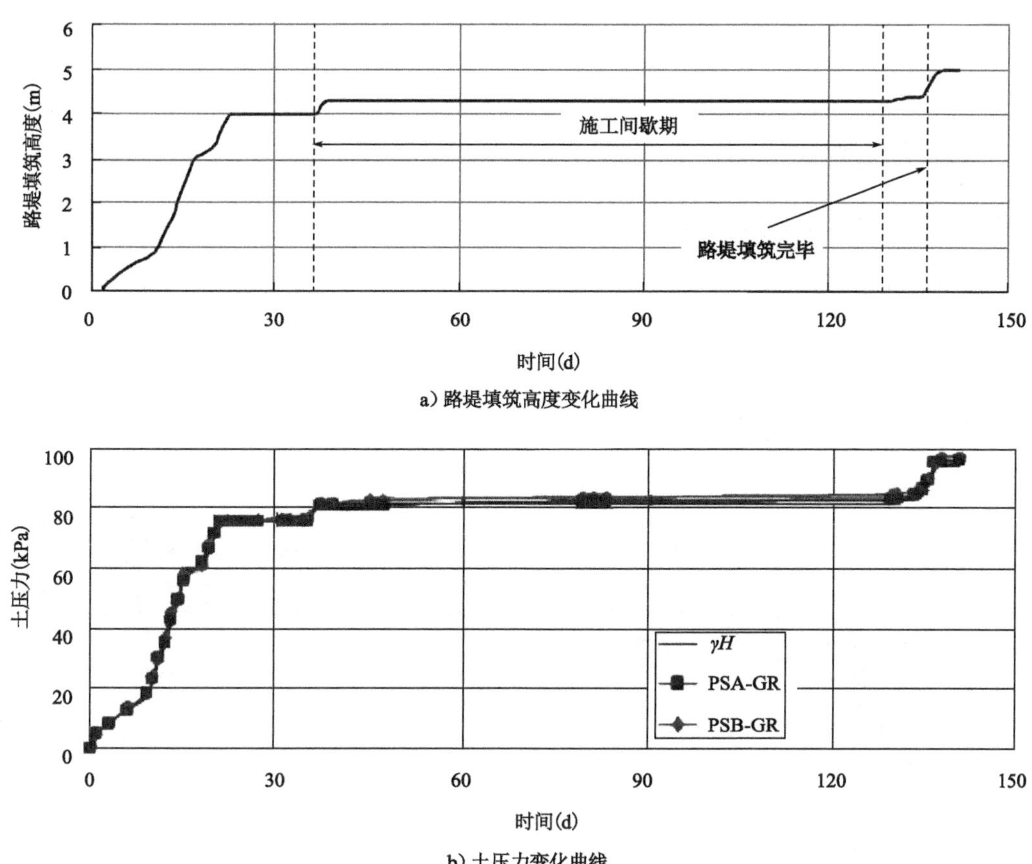

图 5-12 加筋技术试验段土压力变化规律

5.3.1 土压力分布规律

图 5-13 为随着路堤填筑高度增加,断面Ⅰ固网技术与传统技术两种工况下筋材上下表面桩帽(梁)顶各监测点土压力变化曲线。由图 5-13a)和 b)可知,随着路堤填筑高度的增加,筋材上下表面各测点土压力逐渐增大。路堤填筑初期,筋材上下表面各监测点土压力增幅均较小。当路堤填筑高度从 0.9m 增加至 3.0m 时,筋材上下表面各监测点土压力呈线性显著增大;当路堤填筑高度超过 3.0m 后,筋材上下表面各监测点土压力增幅差异逐渐明显。路堤填筑间歇期,筋材上下表面各监测点土压力基本不变。路堤填筑完毕时,筋材上下表面各监测点土压力中,PPB-CT 监测点土压力最大,为 519.1kPa。其他各监测点土压力由大到小分别为 PPA-CT、PPA-FGT 和 PPA-B-FGT。路堤填筑完毕时,PPA-CT、PPA-FGT 和 PPA-B-FGT 监测点土压力分别是 PPB-CT 监测点土压力的 83%、76%和 64%。由图 5-13a)和 c)可知,随着路堤填筑高度的增加,桩间土各测点土压力逐渐增大。可以看出,桩梁间土筋材上下表面土压力远小于其他各监测点土压力。除桩梁间土筋材上下表面土压力外,路堤填筑初期,筋材上下表面各监测点土压力显著增加。随着路堤填筑高度的增加,筋材上下表面各监测点土压力增幅逐渐减小。筋材上表面各监测点土压力由小到大分别为 PSA-B-FGT、PSA-CT 和 PSA-FGT。筋材下表面各监测点土压力由小到大分别为 PSB-B-FGT、PSB-FGT 和 PSB-CT。

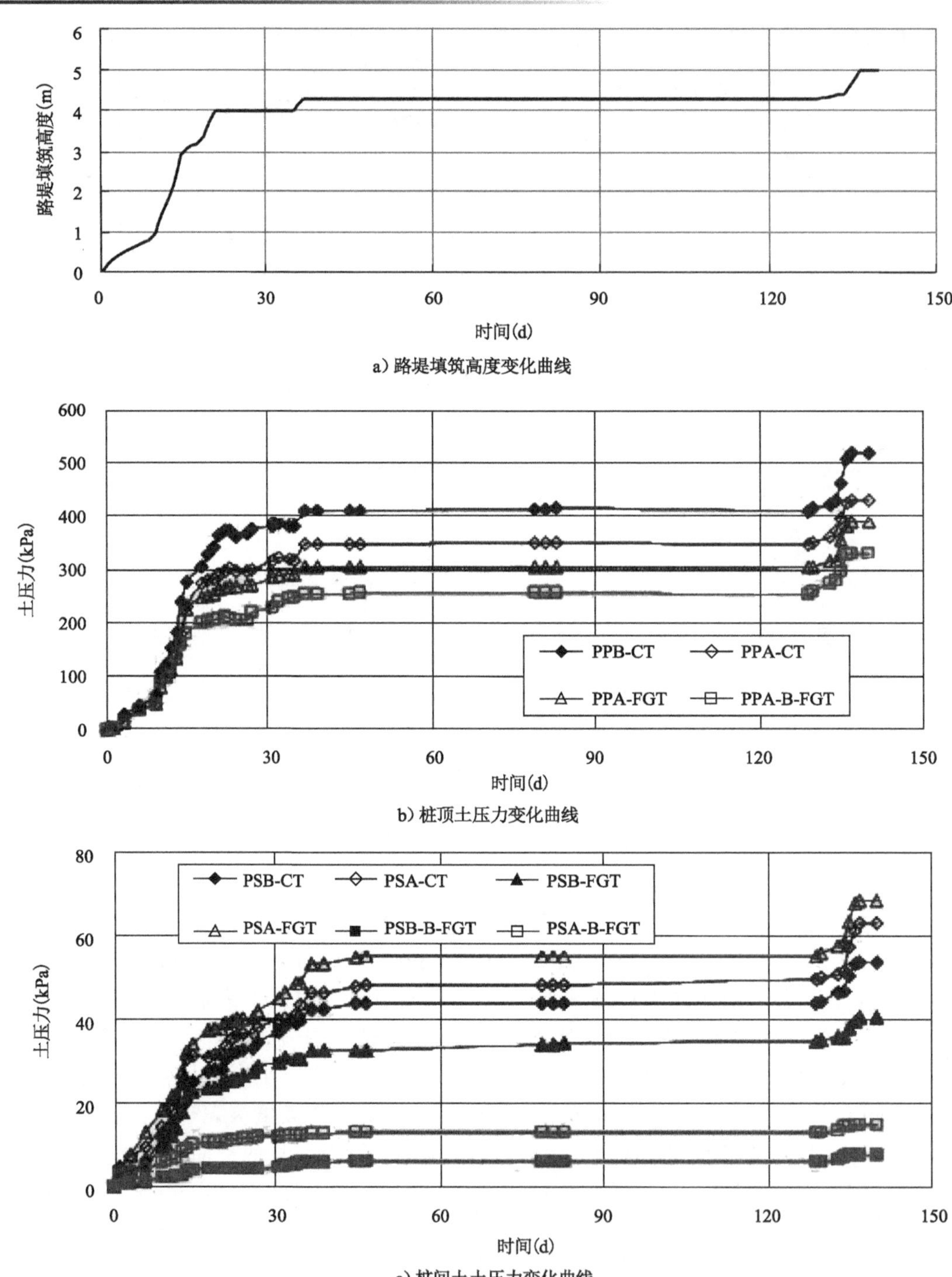

a）路堤填筑高度变化曲线

b）桩顶土压力变化曲线

c）桩间土土压力变化曲线

图 5-13　断面Ⅰ土压力变化规律

图 5-14 为随着路堤填筑高度增加，断面Ⅱ筋材上下表面各监测点土压力变化曲线。由图 5-14a）可知，断面Ⅱ桩顶和桩间土上路堤填筑实际高度分别为 3.5m 和 2.3m。路堤填筑初期，断面Ⅱ筋材上下表面各监测点土压力变化规律与断面Ⅰ相应监测点土压力变化规律基本相同。当路堤填筑高度超过断面Ⅱ桩顶和桩间土上路堤填筑实际高度时，随着路堤填筑高度的增加，筋材上下

表面各监测点土压力仍逐渐增大,但其增幅显著减小。相对于路堤填筑实际高度各监测点土压力,路堤填筑完毕时桩顶筋材上下表面各监测点土压力 PPB-CT、PPA-CT 和 PPA-FGT 分别增加了20.7%、18.7%和 19.9%。桩间土筋材上下表面各监测点土压力 PSB-CT、PSA-CT、PSB-FGT 和 PSA-FGT 分别增加了 35.6%、37.1%、35.2%和39.8%。该现象可以解释为路堤中心处荷载向路堤边坡处应力扩散引起的,可以看出,路堤应力扩散对路堤边坡处各监测点土压力有较大影响。

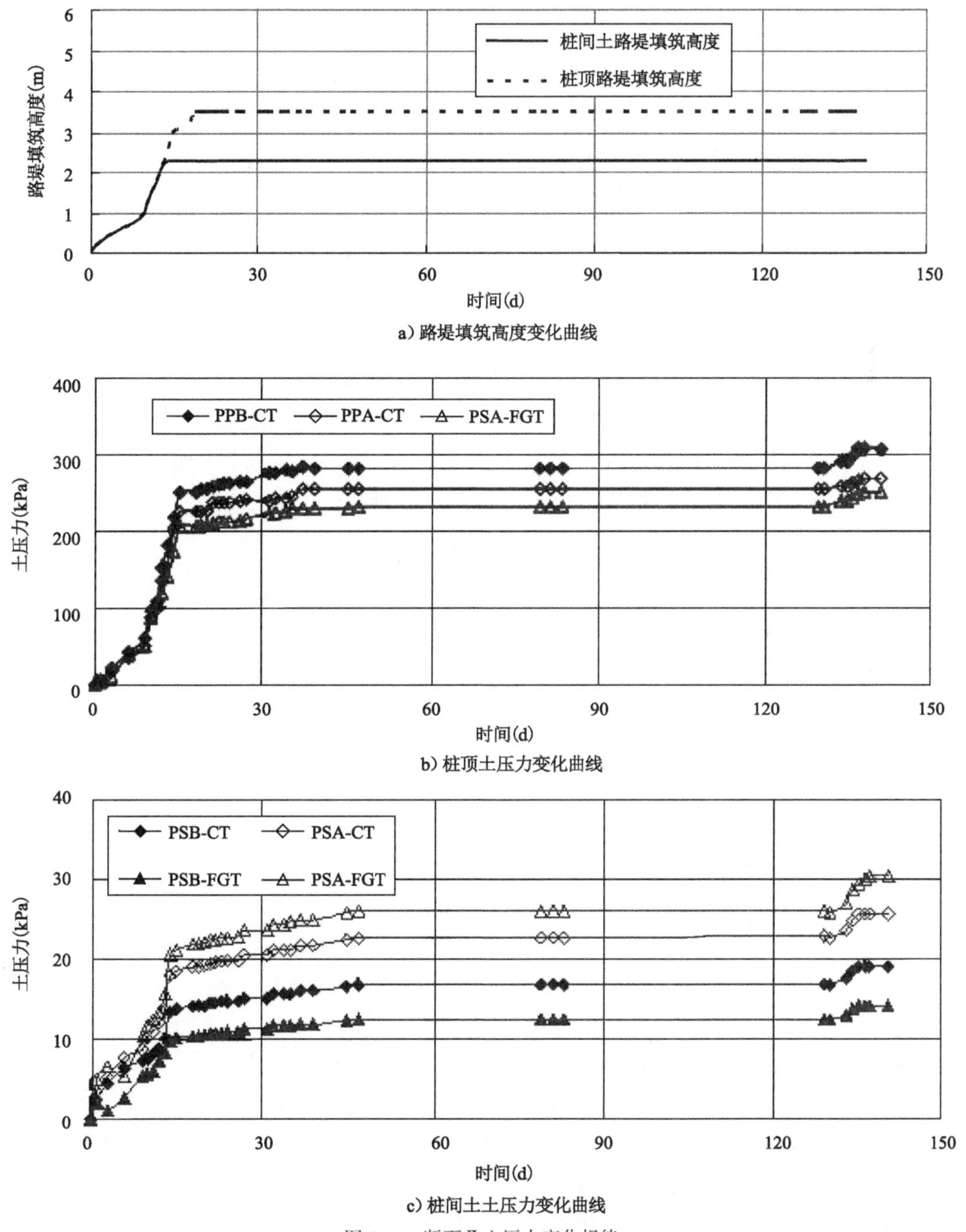

图 5-14 断面Ⅱ土压力变化规律

5.3.2 桩体效率分析

工程实践中，通常采用桩体效率作为桩承式加筋路堤技术处理效果的评价标准[5]。桩体效率表达式如下：

$$E = 1 - \frac{s^2 - a^2}{s^2 \gamma H}\sigma_s \tag{5-1}$$

式中，s 为桩间距；a 为桩帽宽度；γ 为路堤填料天然重度；H 为路堤填筑高度；σ_s 为桩间土平均土压力。

固网技术工况下，由于筋材直接铺设在桩帽顶，且需要现浇一定厚度的混凝土固定端，无法通过埋设土压力盒来监测筋材下表面桩顶土压力。故本书在分析时，通过式(5-2)计算固网技术工况下的筋材下表面桩顶土压力。

$$\sigma_p = \frac{\gamma H s^2 - \sigma_s(s^2 - a^2)}{a^2} \tag{5-2}$$

式中，σ_p 为桩顶平均土压力。

作如下假设：①桩帽(梁)顶土压力平均分布；②桩间土土压力平均分布；③路堤填料荷载完全作用于地基上。基于以上假设，即可根据式(5-1)和现场监测数据计算桩体效率 E。图5-15为断面Ⅰ筋材下表面桩顶土压力计算值与监测值对比曲线。对比分析传统技术工况下的筋材下表面桩顶土压力计算值与监测值可知，虽然计算值与监测值之间存在一定差异，但仍属于可接受范围内，验证了该假设分析的合理性。

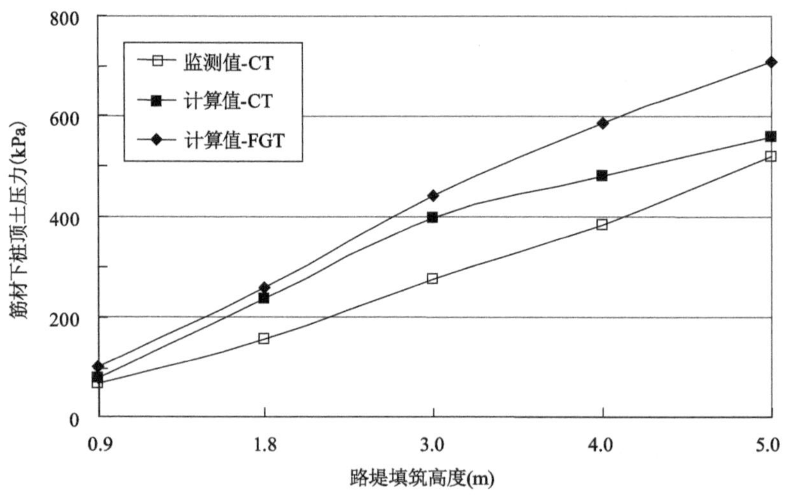

图5-15 土压力计算值与监测值对比曲线

图5-16为断面Ⅰ两种工况下的桩体效率随路堤填筑高度增加的变化曲线。如图5-16a)所示，路堤填筑初期，随着路堤填筑高度的增加，传统技术工况下的筋材上下表面桩体效率逐渐增大。当路堤填筑高度超过3.0m后，桩体效率逐渐减小。路堤填筑完毕时，筋材下表面桩体效率比筋材上表面桩体效率提高了10%左右。如图5-16b)所示，与传统技术工况下的桩体效率变化规律相似，路堤填筑初期，随着路堤填筑高度的增加，固网技术工况下的筋材上下表面桩体效率逐渐增大，但其桩体效率达到最大值所需的路堤填筑高度明显要小于传统技术工况，为1.8m。当路堤填筑高度超过1.8m后，随着路堤填筑高度的增加，

桩体效率略有减小。对比分析可知,固网技术工况下的筋材上表面桩体效率略小于传统技术工况,而筋材下表面桩体效率明显大于传统技术工况。

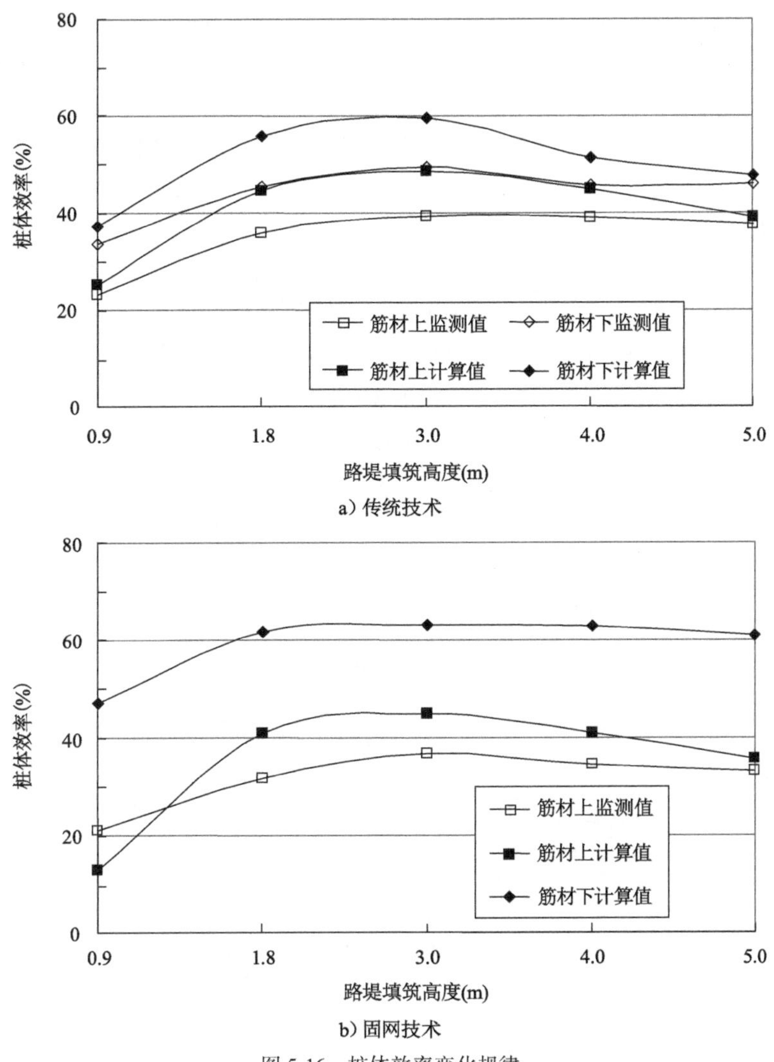

a) 传统技术

b) 固网技术

图 5-16 桩体效率变化规律

5.3.3 荷载传递机理分析

桩承式加筋路堤是由桩体、筋材、桩间土和下卧持力层联合作用组成路堤支承体系,是通过路堤土拱效应、筋材张拉膜效应和桩间土相互作用将上部荷载传递至下卧持力层的一种路堤形式。

试验段土压力监测方案设计时,在桩帽顶和桩间土筋材上下表面各埋设一个土压力盒(固网技术中桩帽顶筋材下表面无法埋设土压力盒)。筋材上表面桩帽顶所承担的荷载即为土拱效应对荷载传递的贡献,筋材下表面桩帽顶所承担的荷载减去筋材上表面桩帽顶所承担的荷载即为张拉膜效应对荷载传递的贡献。筋材下表面桩间土所承担的荷载即为桩间土对荷载传递的贡献。根据现场试验监测数据,可得到筋材上下表面桩顶和桩间土的土压力。基于 3.3.2 节假设条件,通过对监测数据进行数据处理,即可求得土拱效应、张拉膜效应和桩间土对荷载传递的贡献。

图 5-17 为断面Ⅰ固网技术与传统技术两种工况下通过土拱效应、张拉膜效应和桩间土传递的路堤荷载随路堤填筑高度增加的变化曲线。由图 5-17a)可知,传统技术工况下,通过桩间土传递的路堤荷载明显大于通过土拱效应和张拉膜效应传递的路堤荷载,且随着路堤填筑高度的增加,通过桩间土传递的路堤荷载呈线性增加。路堤填筑初期,通过土拱效应传递的路堤荷载与通过张拉膜效应传递的路堤荷载相差不大;随着路堤填筑高度的增加,通过土拱效应传递的路堤荷载显著增加,而通过张拉膜效应传递的路堤荷载增幅不大;路堤填筑完毕时,通过土拱效应、张拉膜效应和桩间土传递的路堤荷载分别为 431.6kN、87.3kN 和 644.8kN。由图 5-17b)可知,路堤填筑初期,通过桩间土传递的路堤荷载明显大于通过土拱效应和张拉膜效应传递的路堤荷载;但随着路堤填筑高度的增加,通过土拱效应和张拉膜效应传递的路堤荷载显著增大,且增幅基本相同;路堤填筑完毕时,通过土拱效应、张拉膜效应和桩间土传递的路堤荷载分别为 382.6kN、324.7kN 和 456.5kN。相对于传统技术工况,固网技术工况下的土拱效应对路堤荷载传递的贡献略有减小,但张拉膜效应对路堤荷载传递的贡献显著增大。固网技术工况下通过桩间土所传递的路堤荷载比传统技术减小了近 30%。

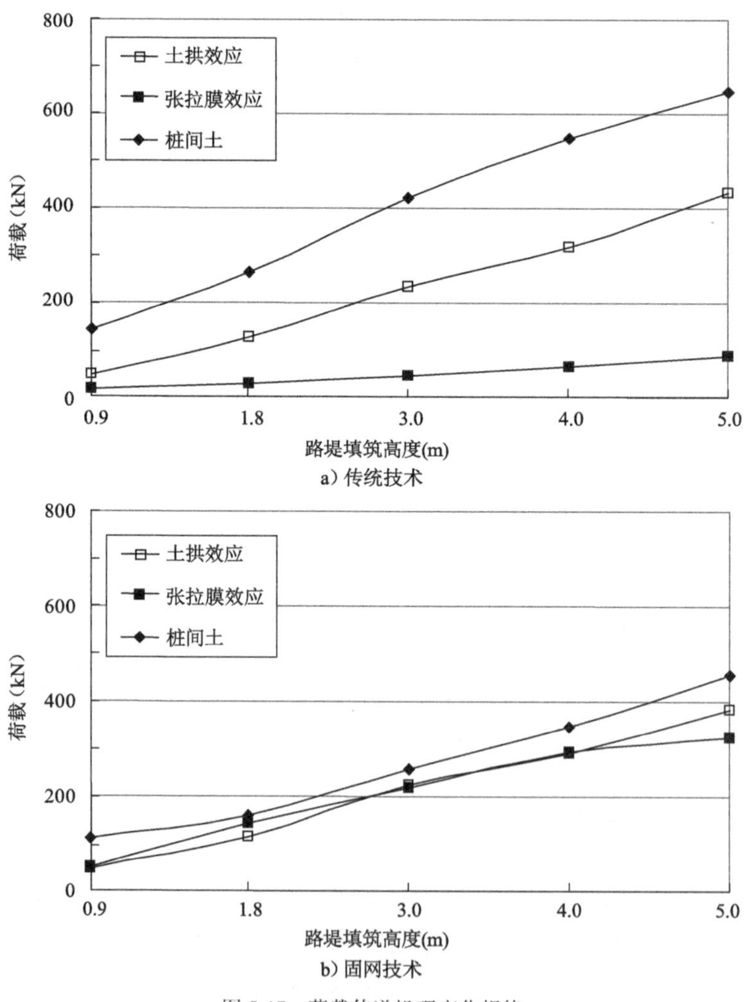

图 5-17　荷载传递机理变化规律

5.3.4 路堤变形分析

随着路堤填筑高度的增加,固网技术、传统技术和加筋技术工况下的地基沉降和距路堤坡脚1.0m处侧向位移变化规律如图5-18所示。由图5-18a)和b)可知,随着路堤填筑高度的增加,各工况下的地基沉降逐渐增大。可以看出,加筋技术工况下的地基沉降明显大于固网技术和传统技术工况,路堤填筑初期,固网技术与传统技术工况下的地基沉降相差不大;但随着路堤填筑高度的增加,固网技术与传统技术工况下的地基沉降差值逐渐增大;路堤填筑完毕时,固网技术、传统技术和加筋技术工况下的地基沉降分别为65.6mm、74.4mm和135.6mm。由图5-18a)和c)可知,随着路堤填筑高度的增加,各工况下距路堤坡脚1.0m处侧向变形逐渐增大。与沉降变化规律相似,加筋技术工况下的路堤侧向变形最大,传统技术工况次之,固网技术工况下的路堤侧向变形最小。路堤填筑完毕时,相对于传统技术工况,固网技术工况下的路堤侧向变形减小了20.2%。

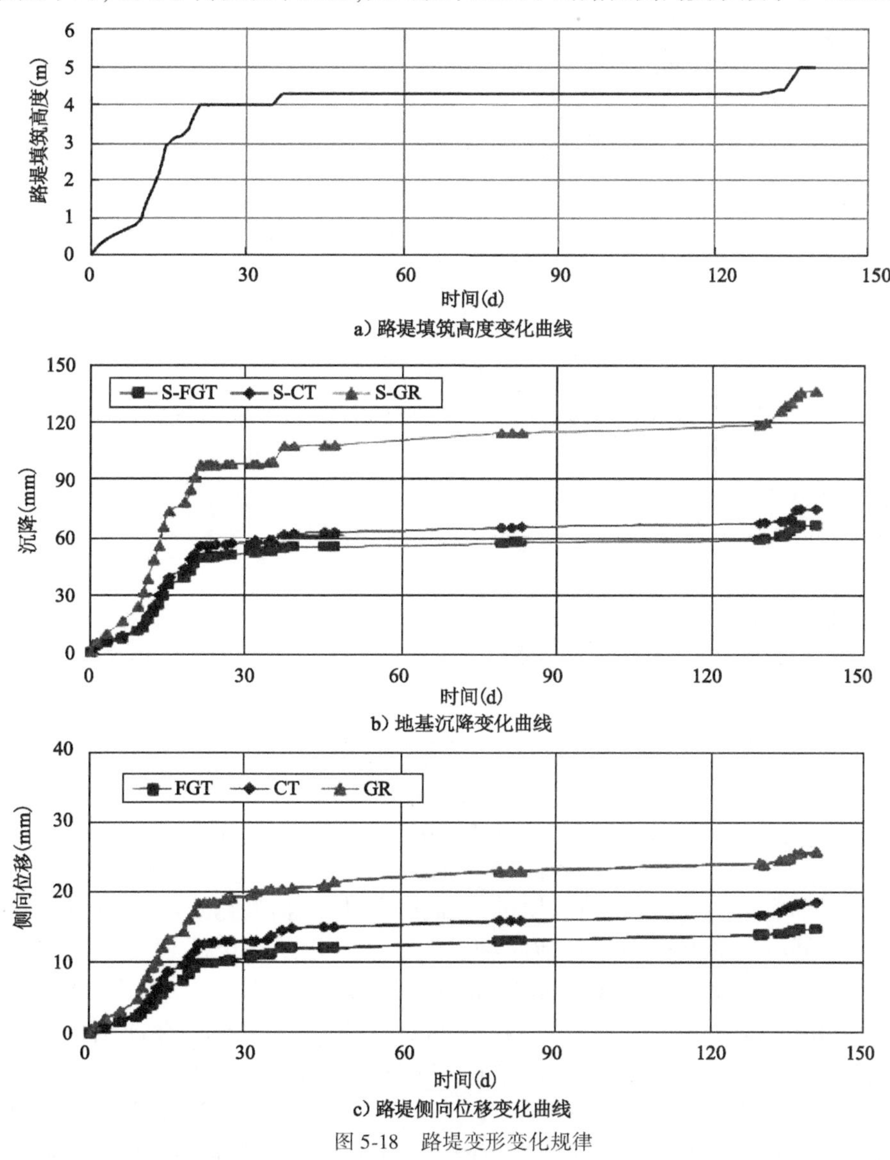

a) 路堤填筑高度变化曲线

b) 地基沉降变化曲线

c) 路堤侧向位移变化曲线

图5-18 路堤变形变化规律

5.3.5 筋材变形分析

柔性位移计的伸缩杆具有一定柔性且由蛇形管保护，工程应用时将其两端固定螺栓沿测量方向紧固于筋材上，使伸缩杆与筋材产生协同变形，适用于各种筋材变形的监测。本次试验柔性位移计伸缩杆初始长度为200mm。图5-19为随路堤填筑高度增加的断面Ⅰ和断面Ⅱ各监测点筋材变形曲线。

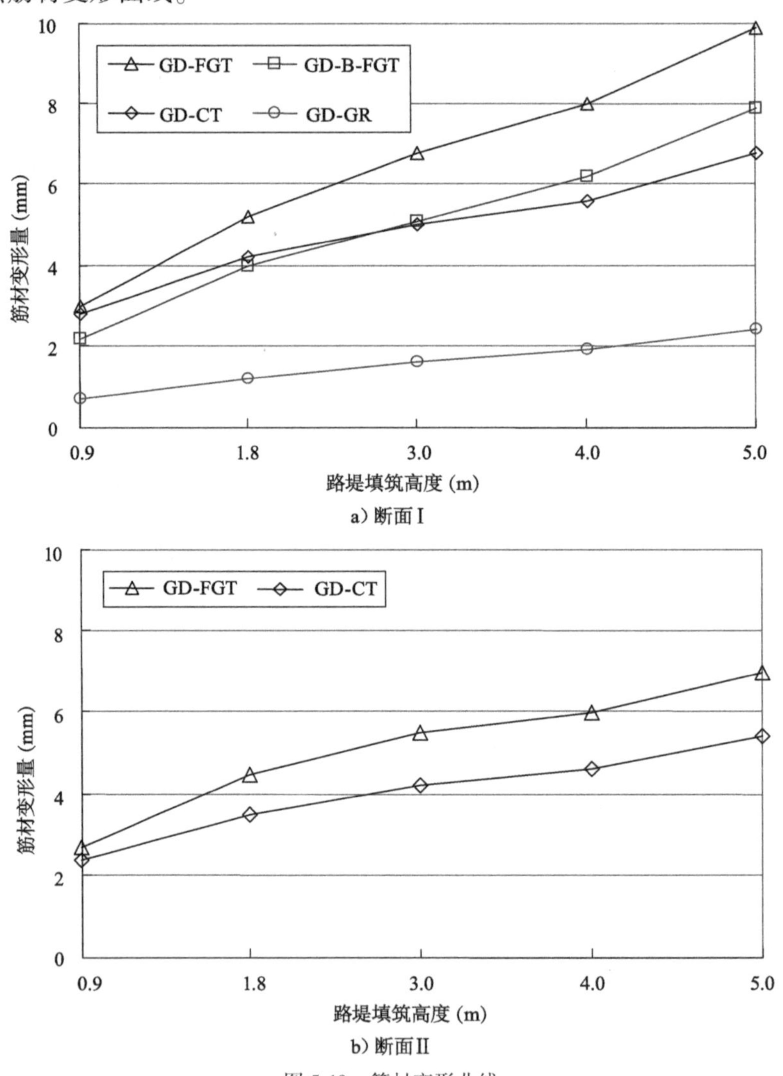

图5-19 筋材变形曲线

如图5-19a)所示，随着路堤填筑高度的增加，断面Ⅰ各监测点筋材变形量逐渐增大。加筋技术工况下的筋材变形量远小于其他两种工况。路堤填筑高度从0.9m增加至5.0m时，加筋技术工况下的筋材变形量从0.7mm增加至2.4mm；传统技术工况下的筋材变形量从2.8mm增加至6.8mm；固网技术（桩梁）工况下的筋材变形量从2.2mm增加至7.9mm；固网技术（桩帽）工况下的筋材变形量从3.0mm增加至9.9mm。由图5-19b)可知，路堤填筑初期，断面Ⅱ各监测点筋材变形变化规律与断面Ⅰ各对应监测点筋材变形变化规律相似；当路堤填筑高度超过断面Ⅱ各监测点路堤实际高度时，断面Ⅱ各监测点筋材变形量增幅显著减小。

路堤填筑完毕时,固网技术与传统技术两种工况下的筋材变形量分别为 7.0mm 和 5.4mm。

5.3.6 路堤加筋试验分析

路堤填料加筋技术应用于路桥过渡段的作用机理分为两个方面:①利用锚固筋材一端的张拉作用,在台背局部范围,阻止路堤填料沿台背深层方向的沉降;②由于筋材的作用,路堤填料受到约束,填料本身颗粒间以及填料颗粒与筋材接触面间的摩擦咬合作用增强,显著提高了路堤填料抗剪强度。因此,路堤填料的承载能力和抗变形能力得到明显提高。

图 5-20 为随路堤填筑高度增加的路堤加筋部分筋材上下表面各测点土压力变化曲线。距桥台 1.5m 处,筋材上表面各测点土压力明显大于筋材下表面,且随着路堤填筑高度的增加,加筋减载作用逐渐增强。同时,随着距桥台距离的增大,加筋减载作用逐渐减弱。路堤填筑完毕时,距桥台 10.5m 处筋材上下表面各测点土压力基本相等,而距桥台 13.5m 处筋材下表面土压力甚至还大于筋材上表面土压力。可以看出,本次现场试验路堤填筑完毕时,筋材有效加筋长度为 10.5m 左右。

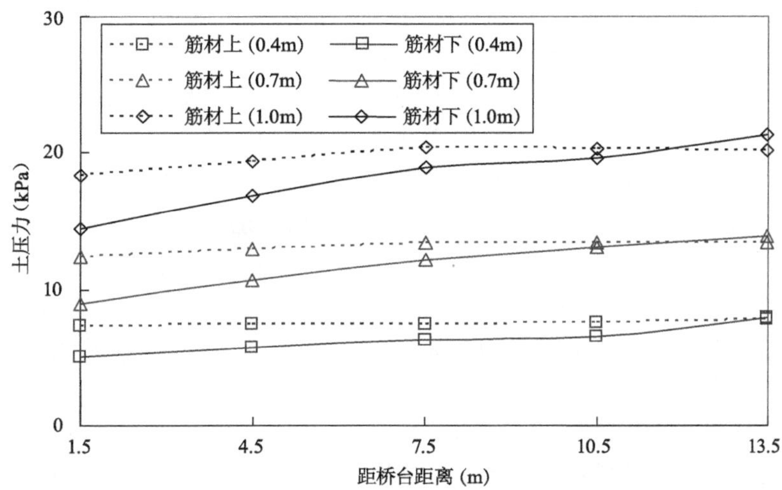

图 5-20 筋材上下表面土压力变化曲线

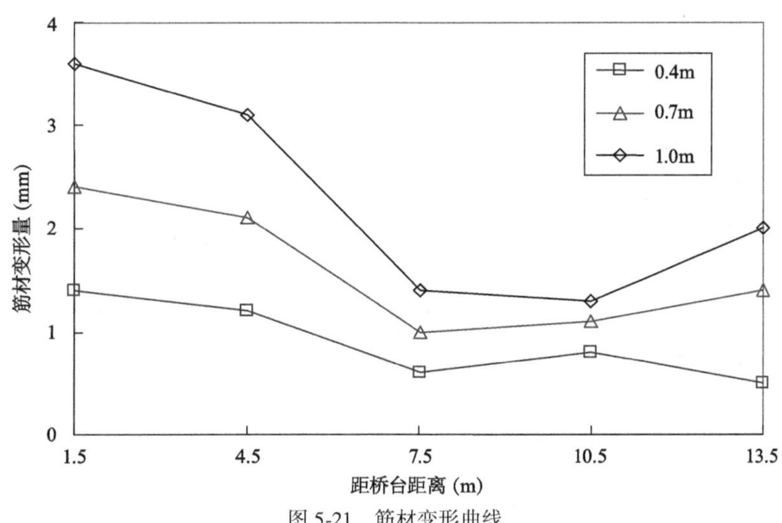

图 5-21 筋材变形曲线

图 5-21 为随路堤填筑高度增加路堤加筋部分筋材变形量变化曲线。距桥台 1.5m 处，筋材变形量最大。距桥台 10.5m 范围内，随着距桥台距离的增大，筋材变形量逐渐减小。距桥台 10.5m 处，路堤荷载对筋材变形量的影响不大。但距桥台 13.5m 处，路堤填筑完毕时筋材变形量反而大于距桥台 10.5m 处。分析原因，可能是由于基底传统技术加固区外侧沉降大于其内侧沉降，使上部路堤加筋部分筋材产生向下的拉力，从而导致距桥台 13.5m 处筋材变形量反而比距桥台 10.5m 处大。

5.4 本章小结

本章在桩承式加筋路堤固网技术的基础上，针对构成路桥过渡段差异沉降的两个方面，提出了一种包括路堤填料加筋技术以及桩承式加筋路堤固网技术与传统技术的联合处治方法，并应用于长安高速公路长治东枢纽工程 MCK40+826 大桥东侧路桥过渡段。通过现场试验对固网技术与传统技术受力和变形特性进行对比分析，研究了随路堤荷载增加的两种工况下路堤中心轴和边坡处地基沉降、路堤侧向位移、筋材上下表面土压力以及筋材变形的变化规律。试验结果表明：

（1）路堤填筑初期，固网技术与传统技术两种工况下的桩帽（梁）顶筋材上下表面各监测点土压力增幅均较小；随着路堤填筑高度的增加，筋材上下表面各监测点土压力显著增大。路堤填筑初期，随着路堤填筑高度的增加，两种工况下的桩间土筋材上下表面各监测点土压力显著增大；随后筋材上下表面各监测点土压力增幅逐渐减小。

（2）路堤填筑初期，随着路堤填筑高度的增加，两种工况下的筋材上下表面桩体效率逐渐增大；当路堤填筑至一定高度时，桩体效率达到最大值。相对于传统技术工况，固网技术工况下的筋材上表面桩体效率略有减小，而筋材下表面桩体效率显著提高。同时，固网技术工况下的桩体效率达到最大值所需路堤填筑高度显著减小。

（3）路堤填筑初期，固网技术工况下通过桩间土传递的路堤荷载明显大于通过土拱效应和张拉膜效应传递的路堤荷载；随着路堤填筑高度的增加，通过土拱效应和张拉膜效应传递的路堤荷载显著增大，且增幅基本相同。相对于传统技术工况，固网技术工况下的土拱效应对荷载传递的贡献略有减小，但张拉膜效应对荷载传递的贡献显著增大，桩间土所承担的路堤荷载显著减小。

（4）随着路堤填筑高度的增加，固网技术、传统技术和加筋技术 3 种工况下的地基沉降和路堤侧向位移逐渐增大。加筋技术工况下的地基沉降明显大于固网技术和传统技术工况。路堤填筑初期，固网技术与传统技术两种工况下的地基沉降和路堤侧向位移相差不大，但随着路堤填筑高度的增加，传统技术工况下的地基沉降和路堤侧向位移增幅明显大于固网技术工况。

（5）距桥台距离越近，筋材上下表面各测点土压力差异越大，筋材变形量越大，加筋减载效果越明显。随着距桥台距离的增大，加筋减载作用逐渐减小。

6 桩承式加筋路堤固网技术设计方法

6.1 概述

目前,适用于桩承式加筋路堤传统技术的理论计算方法很多,具有代表性的有英国规范 BS 8006、北欧手册、德国 DBGEO 规程和日本细则。但是,上述方法均以经验公式为主,设计计算理论还不成熟,理论研究落后于工程实践[112]。究其原因是现有理论计算方法中大多将路堤土拱效应和筋材张拉膜效应各自单独考虑,难以考虑路堤填料、筋材、桩体、桩间土等各组成部分之间的相互作用,未反映桩承式加筋路堤的真实工作性状。同时,根据前文桩承式加筋路堤固网技术作用机理和现场试验结果可知,路堤荷载作用下固网技术与传统技术受力机理具有较大差别,因此,现有理论计算方法无法适用于固网技术。

本章针对桩承式加筋路堤固网技术结构特性,分析了筋材-桩体-桩间土在路堤荷载作用下的荷载传递机理。根据位移和应力连续条件,将路堤填料和加固区视为整体,将筋材视为具有一定刚度的薄板,基于大挠度薄板理论模拟筋材的挠曲变形,并考虑土拱效应和桩土相互作用,建立路堤荷载作用下桩承式加筋路堤固网技术桩帽和桩梁两种工况下的受力模型。同时,考虑到加固区土层分布的复杂性,采用有限差分法进行编程计算,提出固网技术的理论计算方法。最后,考虑桩承式加筋路堤传统技术中加筋垫层受力特性,提出适用于传统技术的理论计算方法。

6.2 筋材设计验算

由于固网技术与传统技术作用机理不同,固网技术工况下对加筋材料的要求远高于传统技术,其主要体现在固网技术中筋材承载能力和侧向位移的约束能力得到明显提高。因此,固网技术中所使用的加筋材料宜选用高强度的土工格栅、钢塑格栅或钢绞线网。同时,需要对固网技术中所使用的加筋材料的抗剪和抗拉能力进行强度验算。

6.2.1 筋材抗剪能力验算

如图 6-1 所示,假设固网技术中桩间土处于荷载全部由筋材承担,验算筋材的抗剪切能力。按式(6-1)对筋材抗剪能力进行验算。

$$(A_s \cdot H \cdot \gamma)/S_p \leqslant EA \times \varepsilon_m \tag{6-1}$$

式中,H 为路堤填料高度;γ 为路堤填料天然重度;A_s 为单桩处理范围内桩间土面积;S_p 为桩帽周长;ε_m 为筋材允许应变值;EA 为筋材抗拉刚度。

6.2.2 筋材抗拉能力验算

如图 6-2 所示,假设固网技术中路肩深度范围内路堤填料产生的全部侧向压力由筋材承担,路堤侧向压力按主动土压力计算。按式(6-2)对筋材抗拉能力进行验算。

$$P_a \leqslant EA \times \varepsilon_m \tag{6-2}$$

式中，P_a 为总主动土压力。

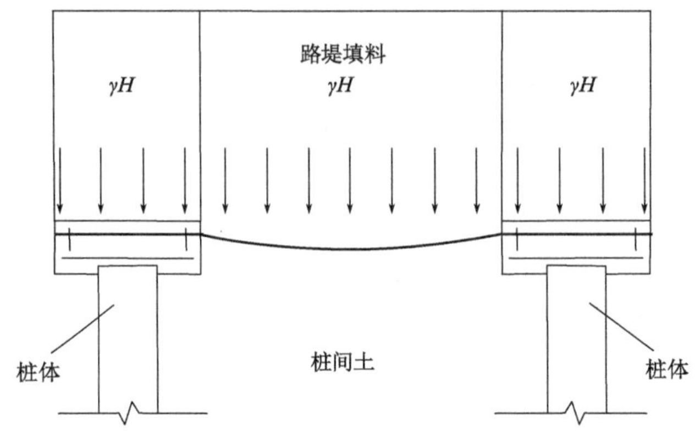

图 6-1 筋材抗剪能力验算

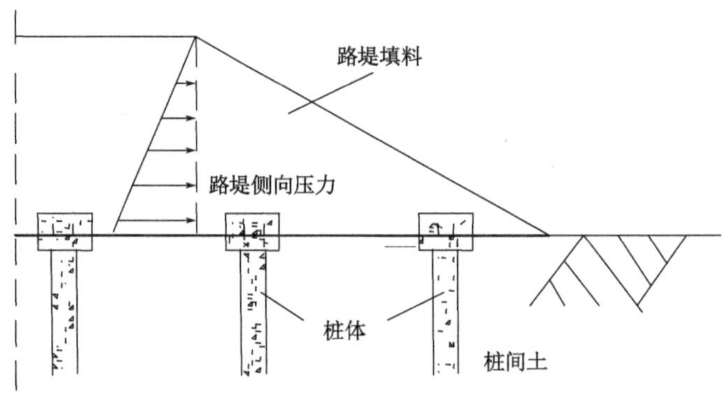

图 6-2 筋材抗拉能力验算

上述筋材设计验算过程中所考虑的两种情况均为极限状态，且路堤上部荷载最大处为路堤中间部分，而侧移力最大处为路肩外侧，故简化验算时暂未考虑两者叠加情况。

6.3 受力机理分析

6.3.1 计算模型

图 6-3 为桩承式加筋路堤固网技术受力模型。在路堤荷载作用下，由于桩、土刚度差异，在地基表面处桩间土沉降大于桩体沉降，桩帽（梁）向上刺入路堤填料，而桩端向下刺入下卧持力层。由于路堤填料变形协调，随着距桩顶高度的增加，差异沉降逐渐减小，当路堤高度增加至一定值时，桩帽（梁）顶和桩间土上部路堤填料的差异沉降量为零，该处即为路堤填料等沉面。同样地，由于地基表面处桩间土沉降大于桩体沉降，使桩周产生负摩阻力，以减小桩土差异沉降。随着深度的增加，桩土差异沉降逐渐减小，当达到一定深度时，桩体与桩间土的差异沉降量为零，该处即为地基加固区等沉面。为分析方便，以下将路堤填料等沉面和地基加固区等沉面分别简称为等沉面Ⅰ和等沉面Ⅱ。

该受力模型中，将等沉面Ⅰ以下部分桩顶土柱和桩间土柱分别视为整体，基于 Terzaghi 土拱理论分析路堤土拱效应；将筋材视为具有一定刚度的薄板，基于大挠度薄板理论分析筋材张拉膜效应；等沉面Ⅱ以上部分桩体与桩帽（梁）下土体视为复合桩体整体，其余部分桩间土视为整体；等沉面Ⅱ以下部分桩体和桩间土分别视为整体考虑。根据桩顶设置桩帽或桩梁两种形式，建立两种工况下受力模型。

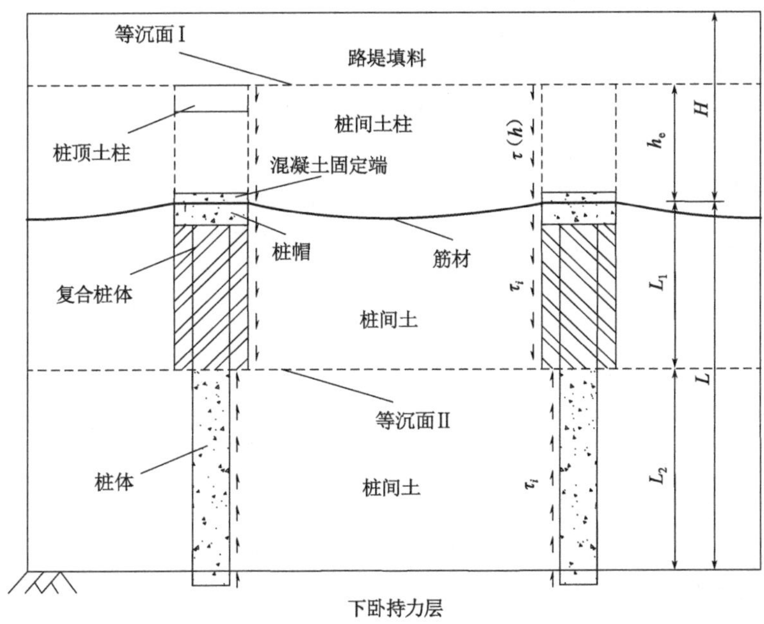

图 6-3　固网技术计算模型

6.3.2　土拱效应分析

(1)桩帽受力模型

根据路堤沿纵向附加应力不发生扩散且路中心处附加应力沿横向扩散较小的特点，以路堤中心线处单桩等效处理范围的正方形柱作为研究对象(图 6-4)。当采用非正方形布桩时可等效成正方形布桩，假设正方形柱外壁侧摩阻力为零。

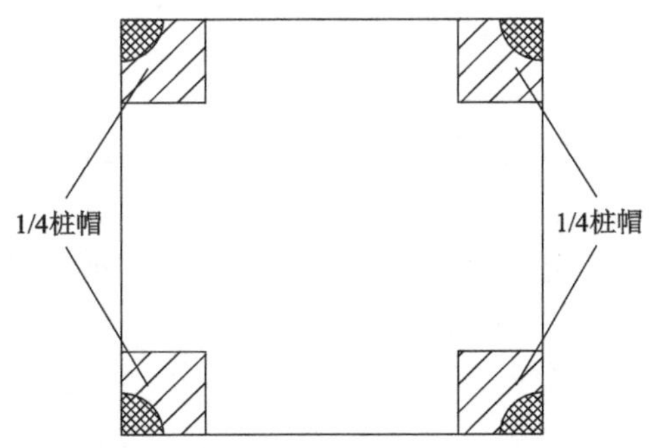

图 6-4　单桩处理范围示意图

图 6-5 为桩帽受力模型下桩间土柱微单元受力分析。路堤填筑高度为 H，路堤填料天然重度为 γ，桩间土柱面积为 A_s，等沉面Ⅰ高度为 h_e，等沉面Ⅰ处所承受竖向应力为 $\gamma(H-h_e)$。对于距路堤顶面为 h、厚度为 dz 的微元土体，假设路堤中桩顶土柱与桩间土柱应力均匀分布，作用于微元体上的力分别有顶面竖向应力 $p(h)$、底面竖向应力 $p(h)+\mathrm{d}p(h)$、自

身重力 $\gamma A_s \mathrm{d}h$、界面摩阻力 $\tau(h)$。

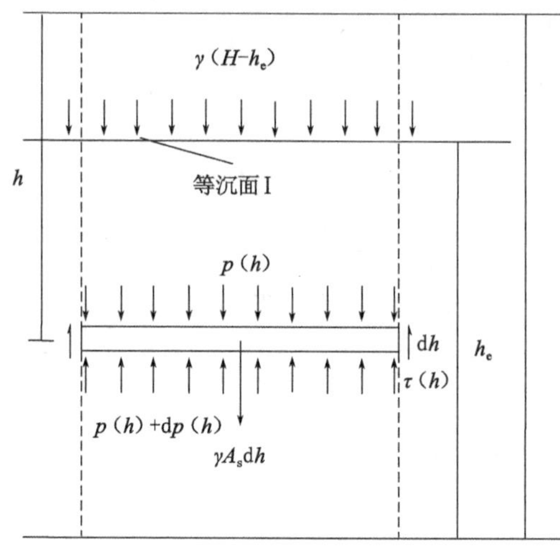

图 6-5　桩间土柱微单元受力分析

根据桩间土柱竖向受力平衡可得:

$$[p(h) + \mathrm{d}p(h)]A_s + S_p[(\gamma h k_a - 2c\sqrt{k_a})\tan\varphi + c]\mathrm{d}h = pA_s + \gamma A_s \mathrm{d}h \tag{6-3}$$

式中, c 为路堤填料黏聚力; φ 为路堤填料内摩擦角; S_p 为桩帽周长; k_a 为朗肯主动土压力系数, $k_a = \tan^2(45° - \varphi/2)$。

求解式(6-3),可得微单元顶面竖向应力为:

$$p(h) = \gamma h - \gamma k_a \tan\varphi[h^2 - (H - h_e)^2]S_p/2A_s - c(1 - 2\tan\varphi\sqrt{k_a})(h - H + h_e)S_p/A_s \tag{6-4}$$

当 $h = H$ 时,桩间土柱底面竖向应力为:

$$p_{sem} = \gamma H - \gamma k_a \tan\varphi(2H - h_e)h_e S_p/2A_s - c(1 - 2\tan\varphi\sqrt{k_a})h_e S_p/A_s \tag{6-5}$$

式中, p_{sem} 为桩间土柱底面竖向应力。

根据路堤填料竖向受力平衡可得:

$$p_p(h) = [\gamma h - (1 - m)p(h)]/m \tag{6-6}$$

式中, $p_p(h)$ 为距路堤顶面为 h 的桩顶土柱竖向应力; m 为桩帽置换率。

取 $h = H$,可得:

$$p_{pem} = [\gamma H - (1 - m)p_{sem}]/m \tag{6-7}$$

式中, p_{pem} 为桩顶土柱底面竖向应力。

路堤底面桩土平均差异沉降量即为桩顶土柱与桩间土柱底面的差异压缩量:

$$\Delta s = S_{pem} - S_{sem} = \int_{H-h_e}^{H} \{[p_p(h) - p(h)]/E_{em}\}\,\mathrm{d}h \tag{6-8}$$

式中, E_{em} 为路堤填料弹性模量。

(2)桩梁受力模型

根据桩间土柱竖向受力平衡可得:

$$(p + \mathrm{d}p)B + 2[(\gamma h k_a - 2c\sqrt{k_a})\tan\varphi + c]\mathrm{d}h = pB + \gamma B \mathrm{d}h \tag{6-9}$$

式中, B 为桩梁净间距。

求解式(6-9),可得距路堤顶面为 h 的桩间土柱的微单元顶面竖向应力为:

$$p(h) = \gamma h - \gamma k_a \tan\varphi[h^2 - (H - h_e)^2]/B - 2c(1 - 2\tan\varphi\sqrt{k_a})(h - H + h_e)/B \quad (6\text{-}10)$$

当 $h = H$ 时,桩间土柱底面竖向应力为:

$$p_{sem} = \gamma H - \gamma k_a \tan\varphi(2H - h_e)h_e/B - 2c(1 - 2\tan\varphi\sqrt{k_a})h_e/B \quad (6\text{-}11)$$

6.3.3　张拉膜效应分析

(1)桩帽受力模型

取单桩处理范围为研究对象,对所取单元体进行静力分析,筋材上表面桩顶和桩间土土压力分别为 p_{pem} 和 p_{sem}。假设筋材下表面桩顶和桩间土土压力分别为 σ_p 和 σ_s,即作用在薄板上的荷载为 $q_0 = p_{sem} - \sigma_s$。将筋材视为具有一定刚度的薄板,如图 6-6 所示,基于大挠度薄板理论考虑筋材张拉膜效应[113]。

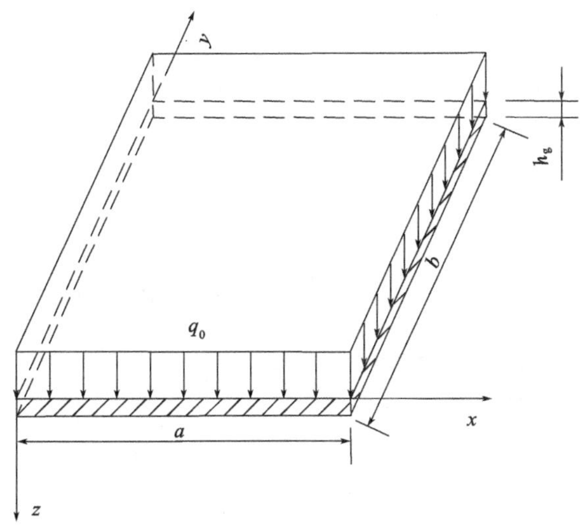

图 6-6　筋材受力分析

假设薄板满足全部边界条件的挠度表达式为:

$$w = w_0 \sin\frac{\pi x}{a}\sin\frac{\pi y}{b} \quad (6\text{-}12)$$

式中,a、b 分别为矩形薄板两邻边边长;w_0 为最大薄板挠度,根据式(6-8)求得路堤底面桩土平均差异沉降量 Δs,基于等体积原则求解最大薄板挠度(图 6-7)。

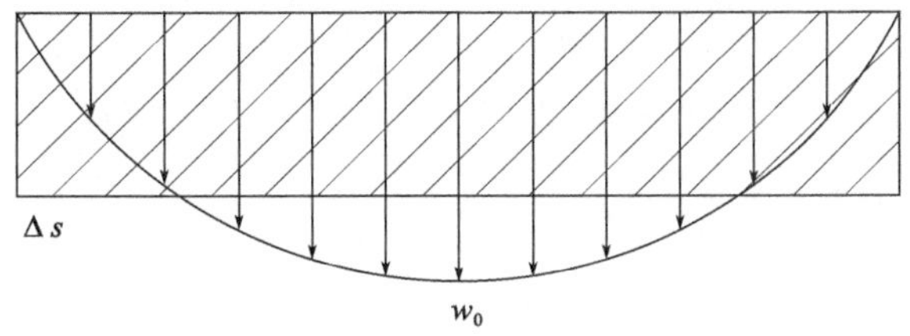

图 6-7　等体积计算分析

假设应力函数 φ,将式(6-12)代入薄板大挠度弯曲问题的基本微分方程:

$$\nabla^4\varphi = E_g\left[\left(\frac{\partial^2 w}{\partial x \partial y}\right)^2 - \frac{\partial^2 w}{\partial x^2}\frac{\partial^2 w}{\partial y^2}\right] \quad (6\text{-}13)$$

得到简化式：

$$\nabla^4\varphi = \frac{E_g}{2}w_0^2\frac{\pi^4}{a^2b^2}\left(\cos\frac{2\pi x}{a} - \cos\frac{2\pi y}{b}\right) \tag{6-14}$$

式中，E_g 为薄板弹性模量。

设 $x=0$ 和 $x=a$ 两边上中面力的平均值为 P_x，在 $y=0$ 和 $y=b$ 两边上的中面力平均值为 P_y。

求解式(6-14)，得：

$$\varphi = E_g\frac{{w_0}^2}{32}\left[\left(\frac{a}{b}\right)^2\cos\frac{2\pi x}{a} + \left(\frac{b}{a}\right)^2\cos\frac{2\pi y}{b}\right] + \frac{1}{2}P_xy^2 + \frac{1}{2}P_yx^2 \tag{6-15}$$

由上述应力函数可得中面应力为：

$$\begin{cases}\sigma_x = \dfrac{\partial^2\varphi}{\partial y^2} = -E_g\dfrac{\pi^2}{8}\left(\dfrac{w_0}{a}\right)^2\cos\dfrac{2\pi y}{b} + P_x \\ \sigma_y = \dfrac{\partial^2\varphi}{\partial x^2} = -E_g\dfrac{\pi^2}{8}\left(\dfrac{w_0}{b}\right)^2\cos\dfrac{2\pi y}{a} + P_y \\ \tau_{xy} = -\dfrac{\partial^2\varphi}{\partial x\partial y} = 0\end{cases} \tag{6-16}$$

将式(6-12)和式(6-14)代入边界条件得：

$$\int_0^a\left[N_x - \mu N_y - \frac{E_gh}{2}\left(\frac{\partial w}{\partial x}\right)^2\right]\mathrm{d}x = 0 \tag{6-17}$$

式中，$N_x = \sigma_xh_g$，其中 h_g 为薄板厚度；$N_y = \sigma_yh_g$。

对式(6-17)积分后可解得：

$$\begin{cases}P_x - \mu P_y = E_g\dfrac{\pi^2}{8}\left(\dfrac{w_0}{a}\right)^2 \\ P_y - \mu P_x = E_g\dfrac{\pi^2}{8}\left(\dfrac{w_0}{b}\right)^2\end{cases} \tag{6-18}$$

由式(6-18)得：

$$\begin{cases}P_x = \dfrac{E_g}{1-\mu^2}\dfrac{\pi^2}{8}{w_0}^2\left(\dfrac{1}{a^2} + \mu\dfrac{1}{b^2}\right) \\ P_y = \dfrac{E_g}{1-\mu^2}\dfrac{\pi^2}{8}{w_0}^2\left(\dfrac{1}{b^2} + \mu\dfrac{1}{a^2}\right)\end{cases} \tag{6-19}$$

引入无量纲的量：$W_0 = w_0/h_g$；$\beta = a/b$；$P = (1-\mu^2)(a/h_g)^4q_0/E_g$；$S_y = P_ya^2(1-\mu^2)/E_g{h_g}^2$。

即式(6-19)可改写为：

$$\begin{cases}S_x = \dfrac{\pi^2}{8}(1+\beta^2\mu)W_0^2 \\ S_y = \dfrac{\pi^2}{8}(\mu+\beta^2)W_0^2\end{cases} \tag{6-20}$$

应用伽辽金方程：

$$\iint X\sin\frac{\pi x}{a}\sin\frac{\pi y}{b}\mathrm{d}x\mathrm{d}y=0 \tag{6-21}$$

式中，$X=D\nabla^4 w-h_g\frac{\partial^2\varphi}{\partial y^2}\frac{\partial^2 w}{\partial x^2}-h_g\frac{\partial^2\varphi}{\partial x^2}\frac{\partial^2 w}{\partial y^2}+2h_g\frac{\partial^2\varphi}{\partial x\partial y}\frac{\partial^2 w}{\partial x\partial y}-q_0$，其中$D=E_g{h_g}^3/12(1-\mu^2)$为薄板的弯曲刚度。

对式(6-21)积分后无量纲化得：

$$(\pi^6/256)[4\mu\beta^2+(3-\mu^2)(1+\beta^4)]W_0^3+(\pi^6/192)(1+\beta^2)^2W_0=P \tag{6-22}$$

在正方形布桩情况下，式(6-22)可化简得：

$$7.5(3-\mu)(1+\mu)W_0^3+20W_0=P \tag{6-23}$$

将式(6-8)结果换算为最大薄板挠度w_0后，代入式(6-23)求解出q_0，根据公式$q_0=p_{\mathrm{sem}}-\sigma_s$求出筋材下表面桩间土应力$\sigma_s$。

(2)桩梁受力模型

假设薄板满足全部边界条件的挠度表达式为：

$$w(x)=w_{\max}\cdot\sin\frac{\pi x}{B} \tag{6-24}$$

同理，根据边界条件并应用伽辽金方程求解出筋材受力和变形关系式：

$$\frac{\pi^5E_gh_g}{16(1-\mu^2)B^4}\cdot{w_0}^3+\frac{\pi^5E_g{h_g}^3}{48(1-\mu^2)B^4}\cdot w_0-q_0=0 \tag{6-25}$$

将最大薄板挠度w_0代入式(6-25)求解出q_0，根据公式$q_0=p_{\mathrm{sem}}-\sigma_s$求出筋材下表面桩间土应力$\sigma_s$。

6.3.4　桩土相互作用分析

计算加固区桩土相互作用分析时，常假设桩侧摩阻力的分布形式，然后联立方程组进行求解。但是由于方程组数量多，求解过程非常复杂，无法得到简单的解析解[114]。考虑到加固区土层分布的复杂性，采用有限差分法进行求解。因此，可以根据具体工况选择不同的荷载传递形式，无须假设侧摩阻力分布形式。

将加固区桩体、土体沿深度平均分成n等份，单元厚度$\Delta z=L/n$。对于第i个桩、土微单元，其桩土差异沉降由式(6-26)求出。

$$W_{(i)}=W_{(i-1)}+\left[\frac{\sigma_{p(i)}}{E_p}\Delta z-\frac{\sigma_{s(i)}}{E_s}\Delta z\right] \tag{6-26}$$

式中，E_p、E_s分别为桩体和桩间土弹性模量。

考虑第i个单元桩、土间摩阻力τ_i时，可以根据具体工况，选择相对适合的荷载传递函数。如图6-8所示，本书采用理想弹性模型考虑桩、土间摩阻力τ_i时，分$|W_{(i)}|<\delta_u$和$|W_{(i)}|\geqslant\delta_u$两阶段考虑：

$$\begin{cases}\tau_i=k\cdot W_{(i)} & |W_{(i)}|<\delta_u\\ \tau_i=\dfrac{W_{(i)}}{|W_{(i)}|}k\cdot\delta_u & |W_{(i)}|\geqslant\delta_u\end{cases} \tag{6-27}$$

式中，k为理想弹塑性荷载传递函数中的刚度系数；δ_u为极限桩土相对位移。

(1)桩帽受力模型

等沉面Ⅱ以上部分，由竖向受力平衡可得：

$$\begin{cases}\sigma_{\mathrm{p}(i+1)} = \sigma_{\mathrm{p}(i)} - \tau_i \Delta z S_{\mathrm{p}} / A_{\mathrm{p}} \\ \sigma_{\mathrm{s}(i+1)} = \sigma_{\mathrm{s}(i)} + \tau_i \Delta z S_{\mathrm{p}} / A_{\mathrm{s}}\end{cases} \tag{6-28}$$

式中，A_{p} 为桩帽面积。

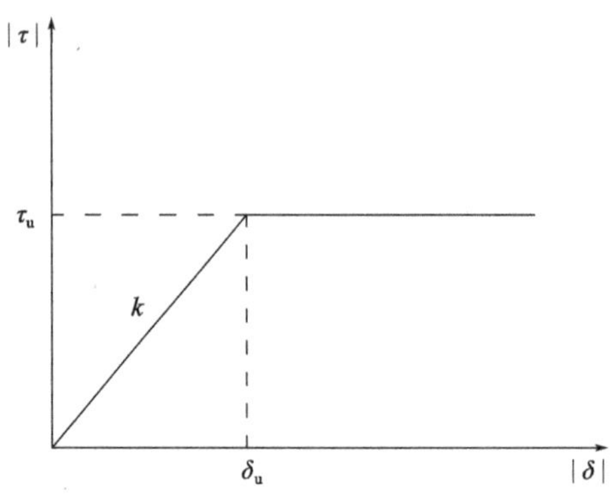

图 6-8　理想弹塑性模型

(2)桩梁受力模型

等沉面Ⅱ以上部分，由竖向受力平衡可得：

$$\begin{cases}\sigma_{\mathrm{p}(i+1)} = \sigma_{\mathrm{p}(i)} - 2\tau_i \Delta z / B \\ \sigma_{\mathrm{s}(i+1)} = \sigma_{\mathrm{s}(i)} + 2\tau_i \Delta z / B\end{cases} \tag{6-29}$$

等沉面Ⅱ以下部分，桩帽受力模型与桩梁受力模型由竖向受力平衡可得：

$$\begin{cases}\sigma_{\mathrm{p}(i+1)} = \sigma_{\mathrm{p}(i)} - \tau_i \Delta z S'_{\mathrm{p}} / A'_{\mathrm{p}} \\ \sigma_{\mathrm{s}(i+1)} = \sigma_{\mathrm{s}(i)} + \tau_i \Delta z S'_{\mathrm{p}} / A'_{\mathrm{s}}\end{cases} \tag{6-30}$$

式中，S'_{p} 为桩体周长；A'_{p} 为桩体面积；A'_{s} 为等沉面Ⅱ以下部分桩间土面积。

根据式(6-26)可求得桩端处桩体与桩间土的差异沉降 $W_{(n)}$ ，同时采用弹性地基梁模型可求得桩端刺入地基变形量[115]：

$$S_{\mathrm{c}} = C_1 \cdot (\sigma_{\mathrm{pb}} - \sigma_{\mathrm{sb}}) \tag{6-31}$$

式中，σ_{pb} 为桩端应力；σ_{sb} 为桩端处桩间土应力；C_1 为桩端作用在下卧层单位压力时的竖向刺入变形量，可按式(6-32)取值。

$$C_1 = 1/K \tag{6-32}$$

式中，K 为桩端下卧层土体基床系数[116]，可按式(6-33)计算。

$$K = \frac{E_0}{(1 - \mu_0^2)\omega\sqrt{A'_{\mathrm{p}}}} \tag{6-33}$$

式中，E_0 为桩端下卧层土体变形模量；μ_0 为地基下卧层土体的泊松比；ω 为沉降影响系数。

6.3.5　计算模型求解

本书采用有限差分法，利用路堤填料与加固区在交界面处应力和位移连续条件，以路堤填料等沉面Ⅰ高度 h_{e} 为变量，按照试算修正法编制了计算程序。计算过程如下：

(1)假设一个 h_{e} 值($0 \leqslant h_{\mathrm{e}} \leqslant H$)，根据式(6-5)、式(6-7)、式(6-8)分别求出路堤底面桩和桩间土上部填料的竖向应力 p_{pem}、p_{sem} 和桩土差异沉降 Δs 。

(2)根据式(6-8)结果换算求得最大薄板挠度 w_0 后，代入式(6-23)求解出 q_0，根据公式

$q_0 = p_{sem} - \sigma_s$ 求解出筋材下表面桩顶和桩间土土压力分别为 σ_p、σ_s。

(3)根据路堤填料、加固区交界面应力和位移连续性条件,第1个桩体、土体单元上表面竖向应力和桩土差异沉降分别为 σ_p、σ_s 和 Δs。根据式(6-26)、式(6-28)~式(6-30)求出各微单元上下表面竖向应力和桩土差异沉降。采用弹性地基梁模型求解出桩端刺入地基变形量 S_c。

(4) $W_{(n)}$ 应等于 S_c ,以此作为判断依据。当 $W_{(n)} - S_c > \delta$ 时,说明假设等沉面Ⅰ高度 h_e 值不满足精度要求,修改 h_e 值,重复步骤(1)和步骤(2),直至满足精度要求:$W_{(n)} - S_c \leqslant \delta$ 。当 $W_{(n)} - S_c \leqslant \delta$ 时,说明假设等沉面Ⅰ高度 h_e 值满足精度要求,结束计算输出结果(其中 δ 为计算精度)。根据等沉面Ⅰ高度 h_e ,即可求得设计所需路堤荷载作用下固网技术桩土应力比等设计指标。计算流程如图6-9所示。

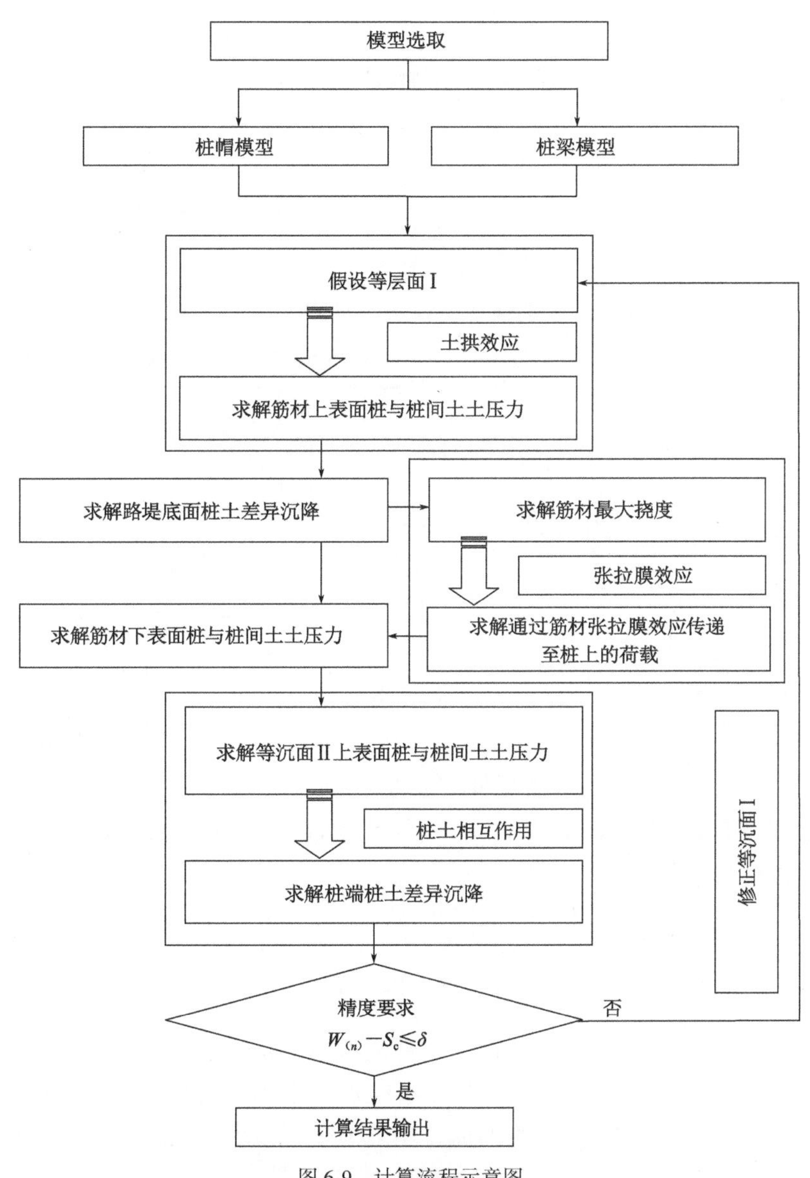

图6-9 计算流程示意图

6.4 算例分析

6.4.1 算例一

长安(长治至安阳)高速公路长治至平顺段位于山西省东南部,公路沿途地貌单元主要有黄土覆盖构造剥蚀基岩低中山区、陶清河山间凹陷区、冲积平原区。以长治至平顺段第十一合同段长治东枢纽工程 MCK40+826 大桥东侧路桥过渡段现场试验段为工程背景,试验段地貌类型主要为丘陵地貌,分布地层主要为新生界第四系全新统冲洪积粉质黏土和砂砾土、中更新统冲洪积粉质黏土等。试验段路堤顶面宽 34m,路堤填筑高度 5m,路堤坡率 1 : 1.5。试验段土层物理力学参数见表 6-1。试验段固网技术工况下具体现场试验监测方案如图 6-10所示。

试验段土层物理力学参数 表 6-1

土　层	弹性模量(MPa)	天然重度(kN/m^3)	泊　松　比	黏聚力(kPa)	内摩擦角(°)
粉质黏土	5.2	17.2	0.33	14.2	18.3
粉土	7.6	17.8	0.33	7.6	19.7
砂砾层	30.0	20.1	0.30	0	28.6
黏土	22.1	18.3	0.30	15.7	21.0
路堤填料	20.0	19.0	0.30	16.8	24.6

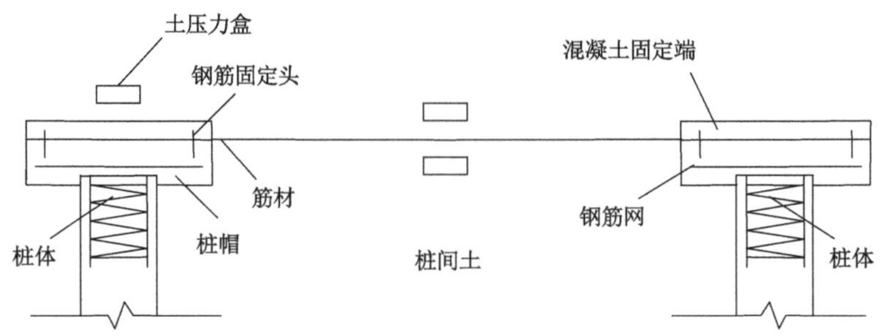

图 6-10　土压力监测示意图

计算分析时,剪切应力函数采用 Williams 和 Colman 提出的荷载传递函数求解[117],剪切应力函数计算表达式如下:

$$\begin{cases} \tau_i = 2E_s \cdot W_{(i)}/(\xi \cdot d) & |W_{(i)}| < \delta_u \\ \tau_i = \dfrac{W_{(i)}}{|W_{(i)}|}2E_s \cdot \delta_u/(k \cdot d) & |W_{(i)}| \geqslant \delta_u \end{cases}$$

式中,d 为桩体直径;ξ 为常数,根据土体性质取 1.75~5,分析计算时 ξ 值取 3。

表 6-2 为本书方法求解出的筋材上下表面桩顶土压力、桩间土土压力及桩土应力比的计算值与试验段路堤填筑完毕时的实测值。由表 6-2 可以看出:采用本书计算方法求得的计算结果与实测结果较接近,证明了本书计算方法的合理性。

土压力及桩土应力比计算结果 表 6-2

指 标	本书方法	实 测 值	误 差
筋材上表面桩顶土压力(kPa)	411.0	392.6	4.7%
筋材下表面桩顶土压力(kPa)	675.1	—	—
筋材上表面桩间土应力(kPa)	66.9	68.6	2.5%
筋材下表面桩间土应力(kPa)	43.4	40.8	6.4%
筋材上桩土应力比	6.1	5.7	7.0%
筋材下桩土应力比	15.6	—	—

6.4.2 算例二

由于桩承式加筋路堤传统技术中筋材是通过砂石垫层界面相互作用传递路堤荷载,因此采用本书方法分析传统技术时,将筋材与一定厚度的砂石垫层视为一个加筋薄板层整体考虑。郑俊杰等根据大量数值模拟及工程实例的反演,提出传统技术中加筋薄板层厚度 h_g 为 8~10cm[39-40,118]。本算例根据其研究成果将加筋薄板层厚度取值为 8cm,不同工况具体取值还需结合工程实际进一步验证。

申苏浙皖高速公路连接江苏、浙江、安徽和上海 3 省 1 市。浙江段总长约 89km,选取 K25+135 现场试验段为工程背景[119]。该试验段具体土层物理力学指标见表 6-3。路堤顶面宽度为 35.0m,坡率 1∶1.5。路堤填料主要由混有亚黏土的碎石组成,其内摩擦角为 35°,平均重度为 22kN/m^3,弹性模量为 20MPa。试验段采用预应力混凝土管桩加固,桩位采用等边三角形布置,桩径 400mm,壁厚 50mm,桩间距为 2.5m(试验段路堤采用梅花形布桩,等效成正方形布桩,桩间距为 2.02m)。桩长为 14.0m,桩端未打穿淤泥层。管桩桩帽为正方形,宽度为 1.0m,采用 C30 混凝土现浇。在桩帽顶面铺设一层高强度钢塑土工格栅,其最大延伸率为 6%,抗拉刚度为 $EA=120$kN/m。

土层物理力学参数 表 6-3

土 层	土层厚度(m)	天然重度(kN/m^3)	弹性模量(MPa)	黏聚力(kPa)	内摩擦角(°)
粉质黏土	2.5~3.0	19.1	5.30	0	24
淤泥	2.0~3.9	17.3	1.47	0	20
淤泥质土	15.0~16.5	17.1	2.07	0	22
亚黏土	12.0~13.2	18.9	6.91	0	25

工程实例计算分析时,由于试验段采用高强度管桩,忽略了桩体的压缩变形。文献中无法查得该工程实例的静力触探指标 f_s,剪切应力函数采用 Williams 和 Colman 提出的荷载传递函数[117]。

表 6-4 为采用本书方法求解出的筋材下桩顶土压力、桩间土土压力及桩土应力比的计算值与试验段路堤填筑完毕时的实测值,并列举了国外几种规范的设计方法计算结果进行对比。由表 6-4 可以看出:采用本书计算方法求得的桩顶土压力、桩间土土压力和桩

土应力比与实测结果最接近,证明了本书计算方法的合理性,可为工程实践提供理论参考。

土压力及桩土应力比计算结果　　表 6-4

类　型	桩顶土压力 (kPa)	桩间土土压力 (kPa)	桩土应力比
实测值	286.56	40.84	7.02
本书计算值	252.16	34.34	7.34
BS 8006	123.05	76.54	1.61
北欧手册	325.83	10.27	31.73

以上述工程实例参数为基础,分别分析筋材抗拉刚度、桩土差异沉降、桩净间距和路堤高度对桩土应力比的影响。

图 6-11 为筋材抗拉刚度 EA 分别为 120kN/m、360kN/m、600kN/m、840kN/m 和 1080kN/m 5 种不同工况下所对应的桩土应力比。桩土应力比与筋材抗拉刚度近似呈线性关系,且筋材抗拉刚度对桩土应力比的影响有限,相对于筋材抗拉刚度为 120kN/m 的工况,1080kN/m 工况下的筋材抗拉刚度是其近 10 倍,桩土应力比增加不到 16%。

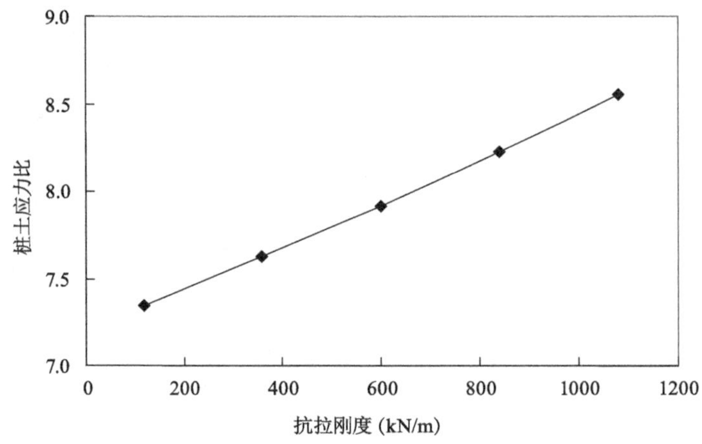

图 6-11　桩土应力比与筋材抗拉刚度变化规律

从图 6-12 可以看出,随着桩土差异沉降的增大,桩土应力比逐渐增大,且差异沉降越大,桩土应力比增幅越显著。不难理解,桩土差异沉降越大,路堤填料的土拱效应和筋材的张拉膜效应作用越显著,通过土拱效应和张拉膜效应传递至桩顶的路堤荷载也随之增大。

桩净间距是桩承式加筋路堤设计中的重要参数,对桩土应力比影响非常显著。图 6-13 为桩净间距与桩土应力比的关系曲线,当桩净间距较小时,桩间净距对桩土应力比的影响较大,随着桩净间距的增大,桩土应力比趋于某一定值。

图 6-14 为路堤高度分别为 3m、4m、5m、6m 和 7m 5 组不同工况下所对应的桩土应力比。随着路堤高度的增加,桩土应力比呈非线性递减;路堤高度较小时,桩土应力比随着路堤高度的增加而骤减;随着高度的增加,与桩净间距相似,桩土应力比趋于某一定值。

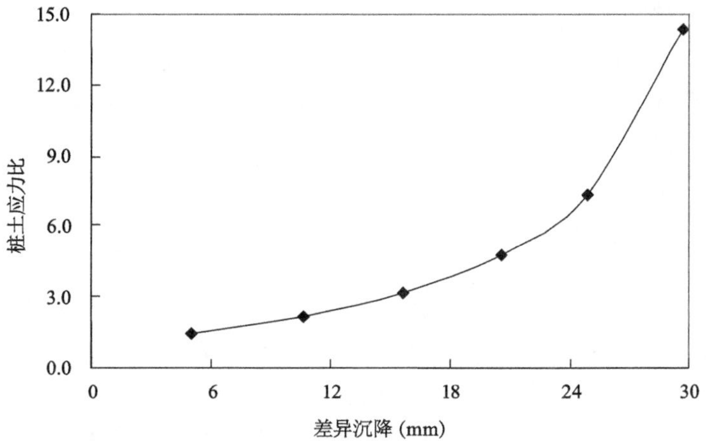

图 6-12 桩土应力比与桩土差异沉降变化规律

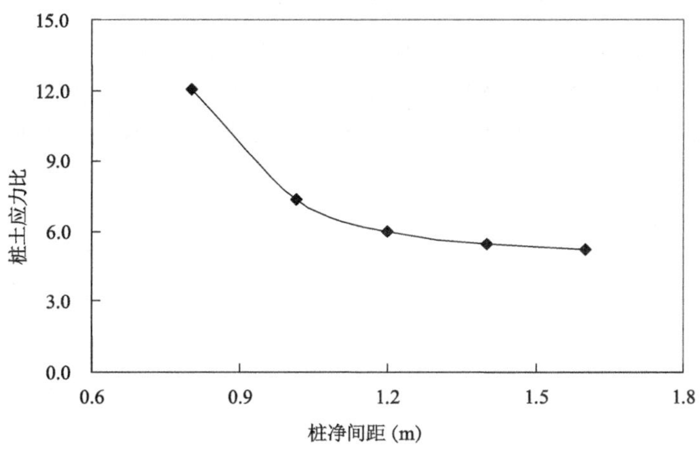

图 6-13 桩土应力比与桩净间距变化规律

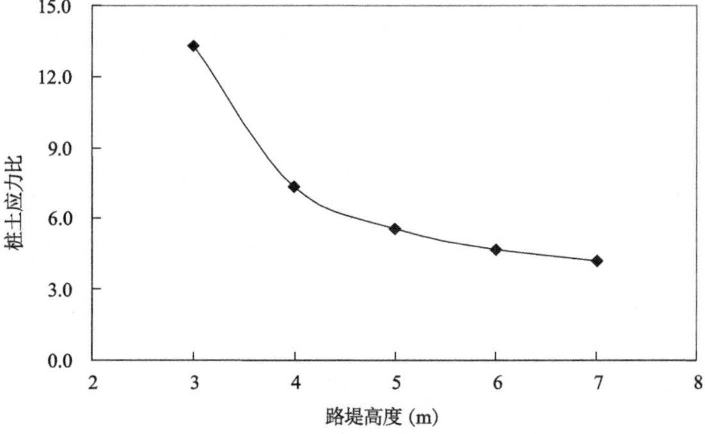

图 6-14 桩土应力比与路堤高度变化规律

6.5 本章小结

本章针对桩承式加筋路堤固网技术受力特性,提出了筋材设计验算简化方法。同时,分析了固网技术中筋材-桩体-桩间土在路堤荷载作用下的荷载传递机理。根据位移和应力连续条件,将路堤填料和加固区视为整体,将筋材视为具有一定刚度的薄板,基于大挠度薄板理论模拟筋材的挠曲变形,并考虑了土拱效应和桩土相互作用,建立了路堤荷载作用下桩承式加筋路堤固网技术桩帽和桩梁两种工况下受力模型。最后,考虑传统技术中加筋垫层受力特性,提出了适用于传统技术的理论计算方法。研究结果表明:

(1)考虑到加固区土层分布的复杂性,利用路堤填料与加固区在交界面处应力和位移连续条件,采用有限差分法进行编程计算,提出了固网技术桩土应力比的理论计算方法。本书计算方法的计算结果与现场监测结果较为接近,证明了本书计算方法的合理性。

(2)基于传统技术中筋材荷载传递特性,采用本书计算方法分析传统技术时,将筋材与一定厚度的砂石垫层视为一个加筋薄板层整体。相对于几种国外规范的设计方法,本书计算方法的计算结果与现场监测结果更为接近。

(3)传统技术中,路堤高度和桩净间距对桩土应力比影响较大。随着路堤高度和桩净间距的增大,桩土应力比逐渐减小;当路堤高度和桩净间距增大到一定值时,桩土应力比各自趋于某一定值。桩土应力比与筋材抗拉刚度近似呈线性关系,筋材抗拉刚度对桩土应力比的影响有限。

7 桩承式加筋路堤固网技术数值模拟

7.1 概述

前文通过现场试验对比分析了桩承式加筋路堤固网技术与传统技术两种工况下的作用效果，证明了固网技术可有效减小路堤沉降和侧向位移，提高筋材效率和桩体荷载分担比。但是由于现场试验工程地质条件复杂，试验成本较高且周期较长，通过有限的现场试验监测结果并不能完全了解固网技术的作用机理和工作特性，需要通过数值仿真方法对固网技术进行进一步研究。

本章在现场试验的基础上，通过数值模拟对比分析了固网技术与传统技术两种工况下的受力和变形特性。研究了两种工况下不同地基土弹性模量、不同筋材抗拉刚度、不同桩长、不同桩间距、不同桩体弹性模量和不同交通荷载条件下的作用机理和工作特性，为固网技术的设计和施工提供了参考依据。

7.2 计算模型建立

以长安（长治至安阳）高速公路长治至平顺段长治东枢纽工程 MCK40+826 大桥东侧路桥过渡段为工程背景，采用岩土工程专业有限元软件 PLAXIS，建立如图 7-1 所示有限元数值模型。试验段路堤顶面宽度为 34m，路堤坡率为 1∶1.5，路堤高度为 5m。根据室内土工试验结果，该试验段土层物理力学参数见表 7-1。当采用传统技术时，筋材铺设于距桩顶 0.25m处；当采用固网技术时，筋材直接铺设于桩顶，筋材与桩在桩顶处共节点模拟固网技术固定连接体系。数值模拟过程中路堤分 5 层填筑，每层填筑 1.0m。

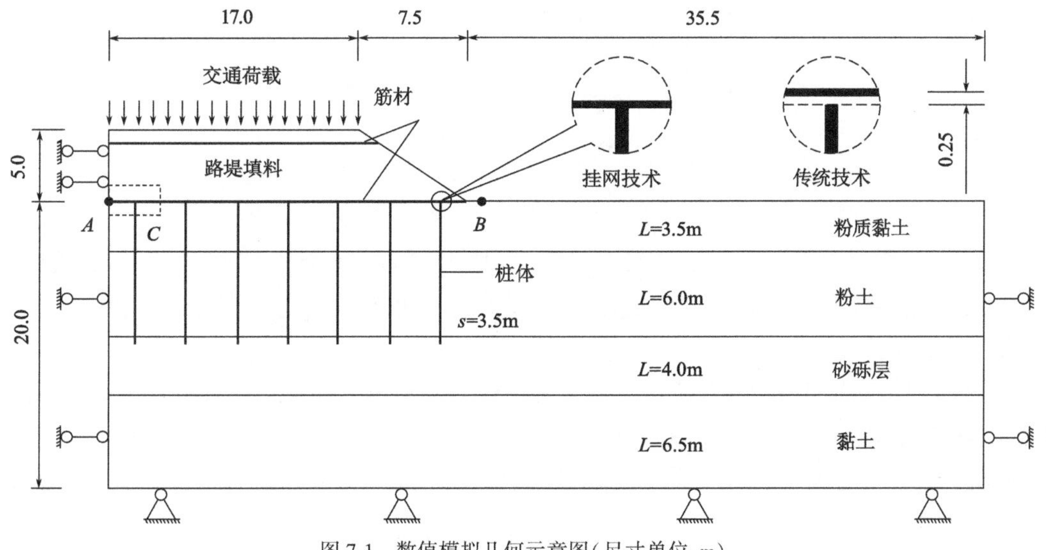

图 7-1 数值模拟几何示意图（尺寸单位：m）

试验段土层物理力学参数　　表 7-1

土　　层	弹性模量 (MPa)	天然重度 (kN/m^3)	泊　松　比	黏聚力 (kPa)	内摩擦角 (°)
粉质黏土	5.2	17.2	0.33	14.2	18.3
粉土	7.6	17.8	0.33	7.6	19.7
砂砾层	30.0	20.1	0.30	0	28.6
黏土	22.1	18.3	0.30	15.7	21.0
路堤填料	20.0	19.0	0.30	16.8	24.6

注：格栅抗拉刚度 EA = 1700kN/m。

由于试验段桩体采用钻孔灌注桩单桩形式，属于三维问题。建模时需通过复合模量法将三维问题转化为二维问题[102]：

$$E_{eq} = E_p m' + E_s(1 - m') \tag{7-1}$$

式中，E_p、E_s 分别为桩体和桩间土弹性模量；m' 为桩体纵向范围内置换率，可按式(7-2)求得。

$$m' = \frac{A'_p}{A'} \tag{7-2}$$

式中，A'_p 为桩体面积；A' 为单桩纵向处理范围面积(图 7-2)。

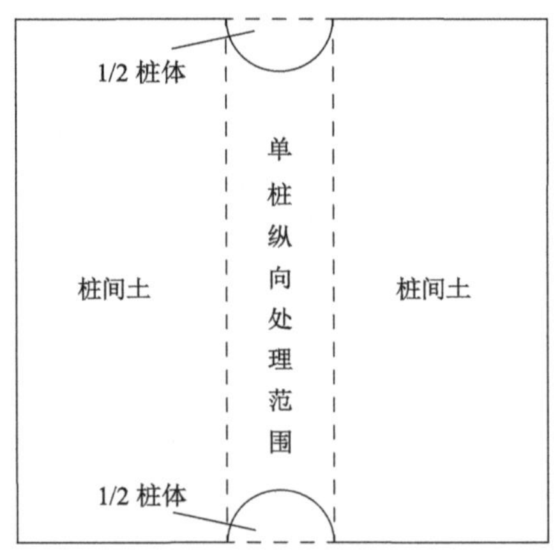

图 7-2　单桩纵向处理范围示意图

如图 7-3 所示，数值建模过程中实体单元采用 15 节点三角形高精度单元，桩体采用 5 节点内置梁单元，筋-土和桩-土之间采用 5 对节点界面接触单元，接触单元的刚度矩阵由 Newton-Cotes 积分得到。

计算模型中路堤填料及桩间土采用莫尔-库仑准则，桩体和筋材采用线弹性模型。桩体、筋材与土体(路堤填料)界面采用理想弹塑性模型[120]。

桩体、筋材与土体界面处于弹性状态，界面剪应力表达式为：

$$|\tau| < \sigma_n \tan\varphi' + c' \tag{7-3}$$

桩体、筋材与土体界面处于塑性状态，界面剪应力表达式为：

$$|\tau| = \sigma_n \tan\varphi' + c' \tag{7-4}$$

式中，σ_n 为法向应力；φ' 为界面内摩擦角；c' 为界面黏聚力。界面内摩擦角和黏聚力可由相邻土体的抗剪强度参数折减得到：

$$c' = R_{inter} c_{soil} \tag{7-5}$$

$$\tan\varphi' = R_{inter} \tan\varphi_{soil} \tag{7-6}$$

式中，R_{inter} 为界面折减因子。

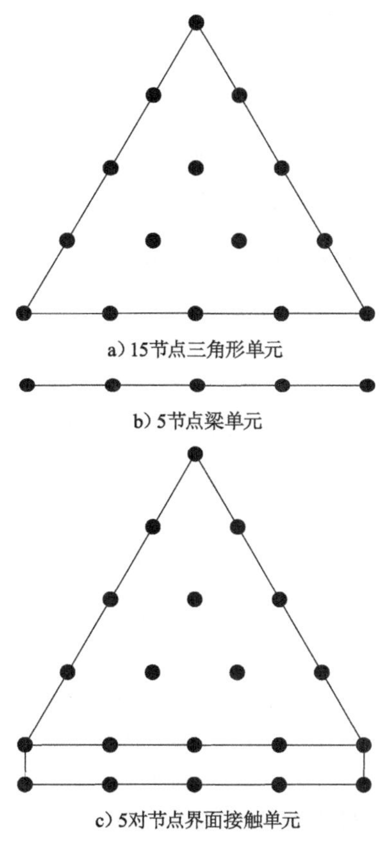

图 7-3　数值模拟单元节点示意图

7.3　数值模拟结果

为了确定数值建模的合理性，对数值模型进行模型标定。图 7-4 为桩间土沉降（A 点）和距路堤坡脚 1.0m 处地基侧向位移（B 点）数值模拟结果与现场实测数据的对比曲线。随着路堤填筑高度的增加，桩间土沉降和距路堤坡脚 1.0m 处路堤侧向位移逐渐增大。同时，随着路堤填筑高度的增加，两种工况下的沉降和侧向位移的差值逐渐增大。路堤填筑完毕时，固网技术与传统技术两种工况下的现场监测地基沉降分别为 65.6mm 和 74.4mm；数值模拟得出桩间土沉降分别为 64.4mm 和 71.3mm；现场监测距路堤坡脚 1.0m 处地基侧向位移分别为 14.7mm 和 19.1mm；数值模拟得出距路堤坡脚 1.0m 处地基侧向位移分别为14.9mm和18.3mm。可以看出，数值模拟结果与现场试验实测数据均较为吻合，证明了数值建模的合理性。

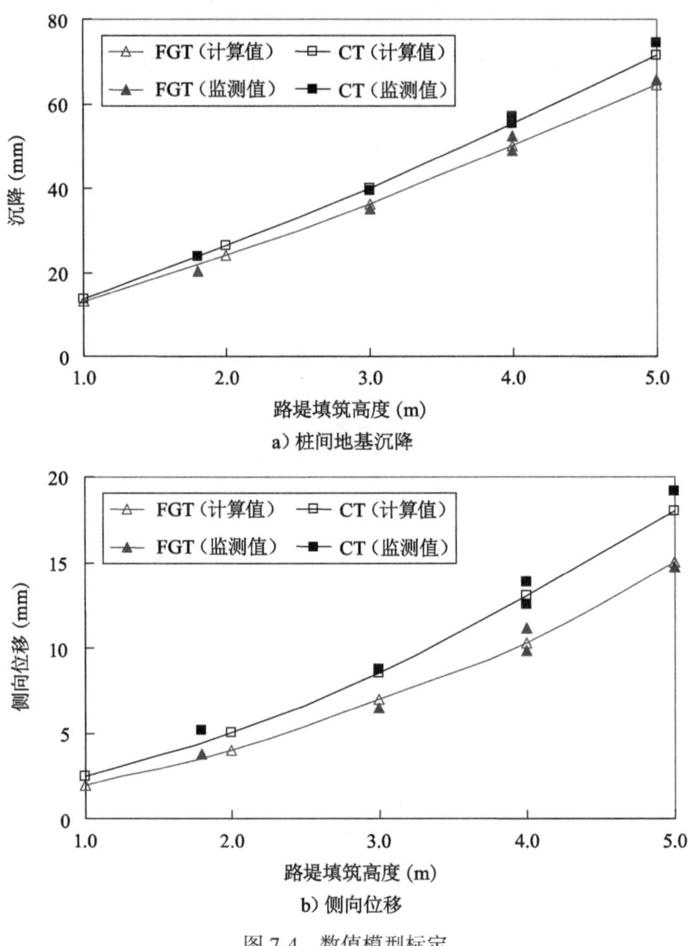

a）桩间地基沉降

b）侧向位移

图 7-4 数值模型标定

图 7-5 为路堤填筑完毕时固网技术与传统技术两种工况下的路堤顶面沉降变化曲线。可以看出，两种工况下的沉降曲线变化规律基本相同，但固网技术工况下的沉降明显小于传统技术工况。固网技术与传统技术两种工况下的路堤顶面最大沉降分别为 75.1mm 和 83.5mm。

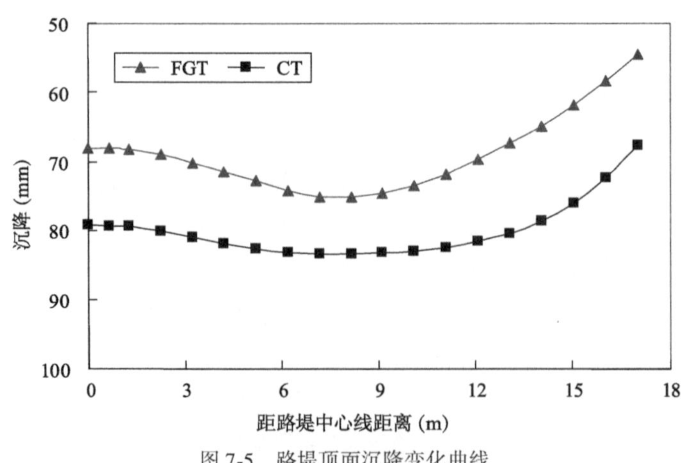

图 7-5 路堤顶面沉降变化曲线

路堤侧向位移是判断路堤稳定性的一个重要控制指标[121]。图 7-6 为路堤填筑完毕时路堤坡脚处侧向位移沿深度变化曲线。两种工况下的路堤坡脚处最大侧向位移都发生在地基表面处,固网技术工况下的路堤坡脚处侧向位移明显小于传统技术工况。路堤填筑完毕时,固网技术与传统技术两种工况下的路堤坡脚处侧向位移分别为 18.6mm 和 22.9mm。相对于传统技术,固网技术工况下的路堤坡脚处侧向位移减小了 18.8%。随着深度的增加,两种工况下的路堤坡脚处侧向位移差值逐渐减小,当深度超过 9.5m 进入砂砾层后,两种工况下的侧向位移基本相同。

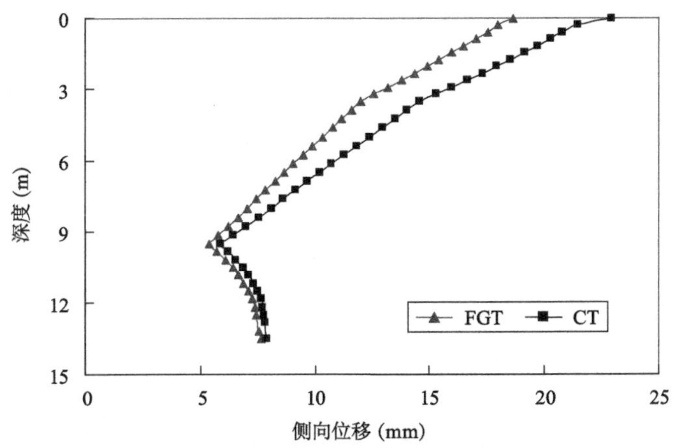

图 7-6 路堤坡脚处侧向位移变化曲线

图 7-7 为路堤填筑完毕时两种工况下的基底筋材竖向变形变化曲线。随着距路堤中心线距离的增大,总体而言,筋材竖向位移呈逐渐减小趋势。传统技术工况下的筋材竖向位移大于固网技术工况,但其筋材竖向差异变形明显小于固网技术工况(竖向差异变形定义为竖向变形曲线峰值与相邻谷值之间的差值)。路堤填筑完毕时,固网技术工况下的最大竖向差异变形为 32.1mm,是传统技术工况的近 3 倍。

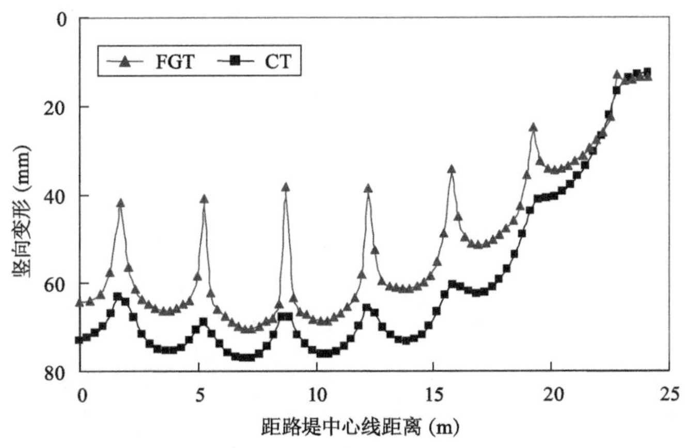

图 7-7 基底筋材竖向变形的变化曲线

筋材最大轴力是评价筋材效率的一个重要指标[1]。如图 7-8 所示,随着路堤填筑高度的增加,固网技术与传统技术两种工况下的基底筋材最大轴力逐渐增大。路堤填筑初期,两种工况下的筋材最大轴力相差不大。随着路堤填筑高度的增加，两种工况下的差值逐渐增大。路堤填筑完毕时，固网技术与传统技术两种工况下的筋材最大轴力分别为 41.8kN/m 和 15.0kN/m。

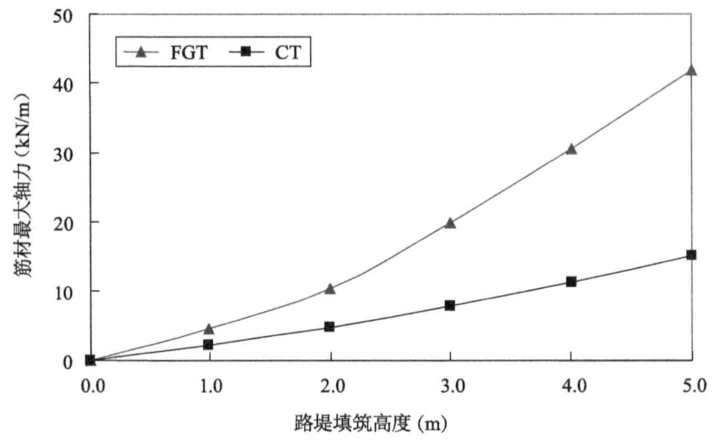

图 7-8　基底筋材最大轴力变化规律

图 7-9 为路堤填筑完毕时两种工况下的桩顶侧向位移分布曲线。随着距路堤中心线距离的增大，两种工况下的桩顶侧向位移逐渐增大。总体而言，固网技术工况下的桩顶侧向位移小于传统技术工况。可以看出，传统技术工况下的相邻桩间侧向位移增幅差异较大。而固网技术工况下的桩顶侧向位移变化曲线比传统技术工况规则，相邻桩间侧向位移增幅差异并不显著，说明固网技术可有效减小桩顶侧向位移，提高路堤整体性。

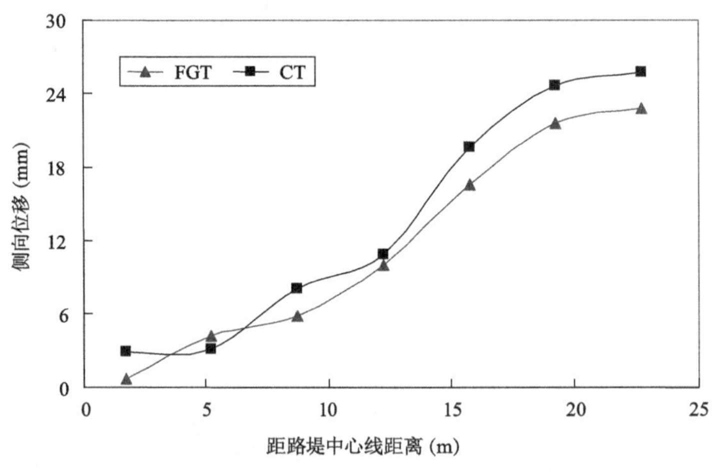

图 7-9　桩顶侧向位移变化规律

图 7-10 为两种工况下的路堤中心线处（区域 C）桩体效率变化曲线。可以看出，固网技术工况下的桩体效率明显大于传统技术工况。路堤填筑初期，两种工况下的桩体效率逐渐增大。随着路堤填筑高度的增加，两种工况下的桩体效率均趋于稳定。路堤填筑完毕时，固网技术工况下通过数值模拟得出的桩体效率比传统技术工况提高了 33.2%。同时，通过对比分析数值模拟结果和现场监测数据，再次证明了本次数值建模的合理性。

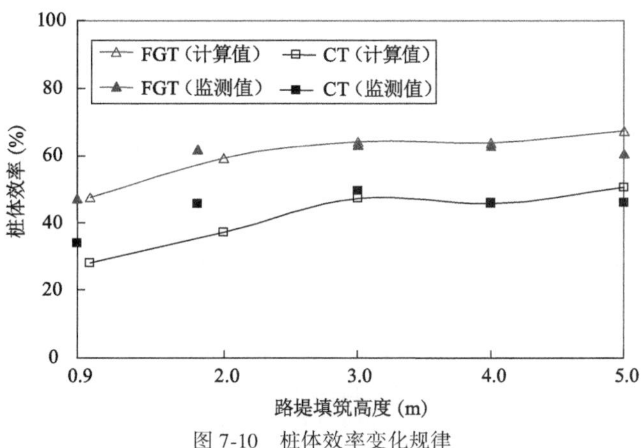

图 7-10 桩体效率变化规律

7.4 参数分析

7.4.1 地基土弹性模量的影响

通过选取不同地基土弹性模量影响因子乘以基本模型中各土层弹性模量，研究地基土弹性模量对固网技术作用机理的影响。如图 7-11a）所示，当地基土弹性模量较小时（$R = 0.6$），固网技术工况下的路堤最大沉降和坡脚处侧向位移远小于传统技术工况。相对于传统技术工况，固网技术工况下的路堤最大沉降和坡脚处侧向位移分别减小了 19.1%和10.1%。随着地基土弹性模量的增大，两种工况下的路堤最大沉降和坡脚处侧向位移差值逐渐减小。图 7-11b）为不同地基土弹性模量工况下的基底筋材最大轴力变化曲线。随着地基土弹性模量的增大，固网技术工况下的筋材最大轴力逐渐减小。但是，地基土弹性模量对传统技术工况下的筋材最大轴力的影响不大。

7.4.2 筋材抗拉刚度的影响

桩承式加筋路堤中，筋材的应用可有效提高桩体效率和路堤稳定性[54]。由图 7-12a）可知，筋材抗拉刚度对两种工况下的路堤最大沉降的影响均不大，但对路堤侧向位移具有显著影响。随着筋材抗拉刚度的增大，两种工况下的路堤侧向位移逐渐减小。当筋材抗拉刚度为 100kN/m 时，固网技术工况下的路堤侧向位移比传统技术工况减小了 16.1%；当筋材抗拉刚度增大至 100000kN/m 时，固网技术工况下的路堤侧向位移比传统技术工况减小了34.2%。由图 7-12b）可以看出，随着筋材抗拉刚度的增大，两种工况下的筋材最大轴力逐渐增大，且两者差值也逐渐增大。

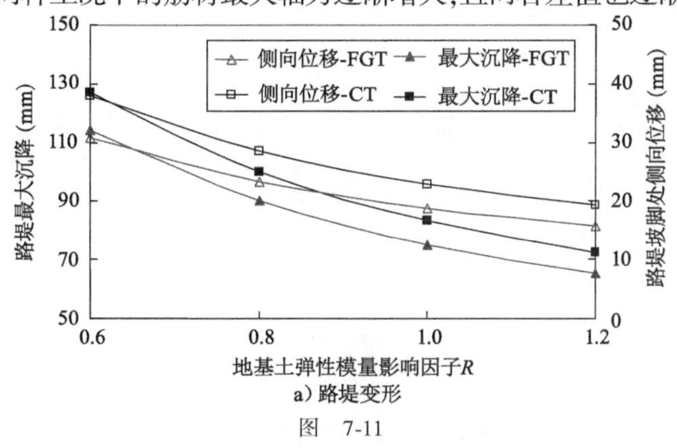

a）路堤变形

图 7-11

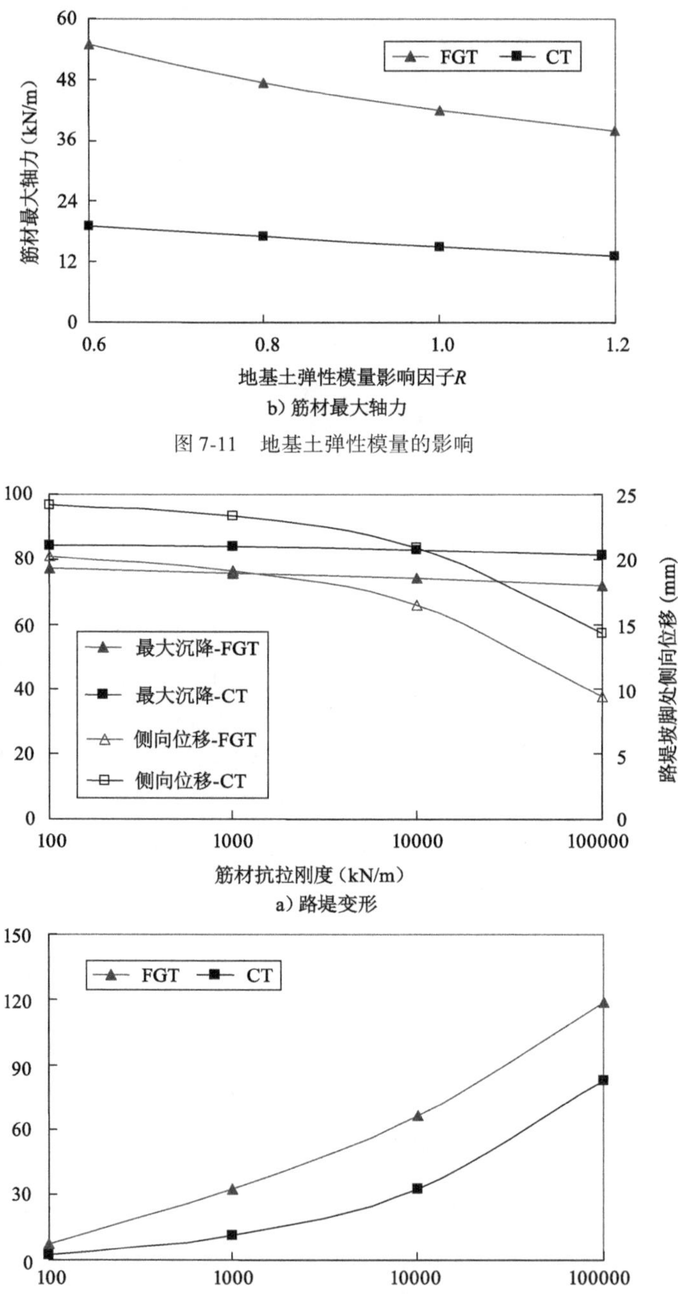

图 7-11　地基土弹性模量的影响

图 7-12　筋材抗拉刚度的影响

7.4.3　桩长的影响

固网技术与传统技术两种工况下的路堤最大沉降和坡脚处侧向位移随桩长的变化规律如图 7-13a）所示。随着桩长的增大，两种工况下的路堤最大沉降逐渐减小。当桩长从 6.0m 增大至 8.0m 时，两种工况下的路堤最大沉降增幅不大；当桩长从 8.0m 增大至10.0m时，两种工况下的路堤最大沉降增幅显著提高；当桩长继续增大时，两种工况下的路堤最大沉降增幅再次减小。分析原因：当桩长从 8.0m 增大至 10.0m 时，桩端进入土性较好的砂砾层，从而提高了桩体承载能力。同时，随着桩长的增大，路堤侧向位移呈非线性增长。当桩长从 8.0m 增大至 10.0m 时，两种工况下的路堤侧向位移增幅均显著增大。由图 7-13b）可以看出，随着桩长的增大，固网技术工况下的筋材最大轴力逐渐增大，但桩长对筋材最大轴力的影响有限。而随着桩长的增大，传统技术工况下的筋材最大轴力基本不变。

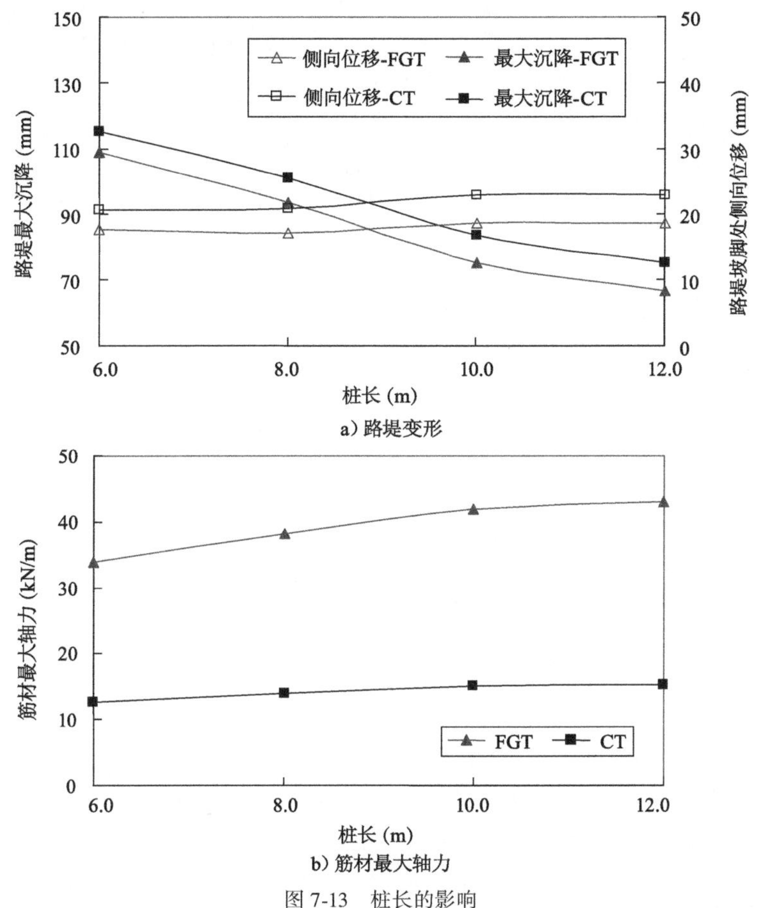

a）路堤变形

b）筋材最大轴力

图 7-13　桩长的影响

7.4.4　桩间距的影响

桩间距是桩承式加筋路堤中一个重要的设计指标。当桩间距较小时，路堤可较易满足规范对承载力和变形的要求，但会显著增加工程造价。而当桩间距较大时，将引起地基承载力不足、路堤沉降和不均匀沉降过大以及路堤失稳等一系列问题。如图 7-14a）所示，随着桩间距的增大，两种工况下的路堤最大沉降和坡脚处侧向位移逐渐增大。当桩间距从 3.0m 增大至 3.5m 时，固网技术工况下的路堤最大沉降和坡脚处侧向位移增幅均显著增大，而传统技术工况下该现象并不明显。由图 7-14b）可以看出，随着桩间距的增大，固网技术工况下的筋材最大轴力呈先减小后增大的变化趋势，拐点发生在桩间距为 3.0m 处。而传统技术工况下的筋材最大轴力呈先增大后减小的变化趋势，拐点发生在桩间距为 3.5m 处。

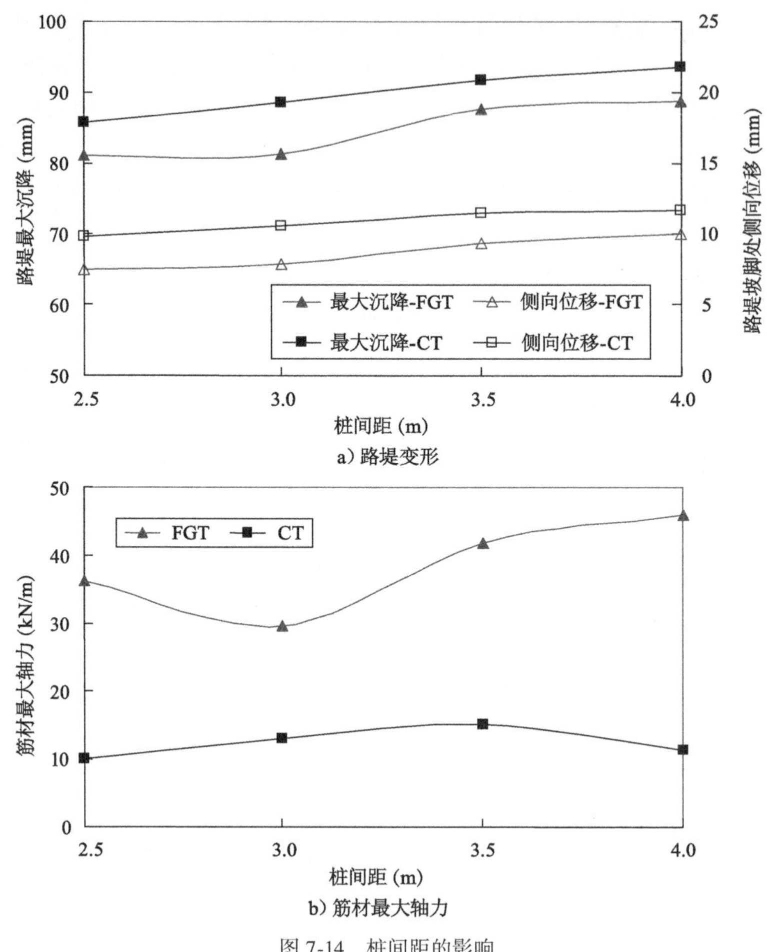

a）路堤变形

b）筋材最大轴力

图 7-14　桩间距的影响

7.4.5　桩体弹性模量的影响

参数分析时，选取复合桩体弹性模量分别为 0.5MPa、1.0MPa、5.0MPa 和 10.0MPa 4 种条件下的数值模型分析桩体弹性模量对固网技术作用机理的影响。由图 7-15 可以看出，随着桩体弹性模量的增大，两种工况下的路堤最大沉降、坡脚处侧向位移和筋材最大轴力均变化不大。分析原因可能是由于桩端未落入基岩，桩体主要通过桩周侧摩阻力发挥作用，桩体弹性模量的增加并不能增大桩周侧摩阻力，因此，桩体弹性模量的增加对两种工况下的作用效果影响不大。

7.4.6　交通荷载的影响

路堤填筑完毕后，将模型变形重设为零，在路堤顶面施加均布荷载模拟交通荷载对固网技术作用机理和工作性状的影响(图 7-1)。如图 7-16a)所示，随着交通荷载的增大，两种工况下的路堤最大沉降和坡脚处侧向位移逐渐增大。当交通荷载较小时，固网技术与传统技术两种工况下的路堤最大沉降和坡脚处侧向位移相差不大；随着交通荷载的增大，传统技术工况下的路堤最大沉降和坡脚处侧向位移增幅明显大于固网技术工况；当交通荷载增大至 20kPa 时，固网技术工况下的路堤最大沉降和坡脚处侧向位移比传统技术工况分别减小了 11.6%和 16.9%。由图 7-16b)可以看出，随着交通荷载的增大，固网技术工况下的筋材最大轴力逐渐增大,但交通荷载对筋材最大轴力的影响有限。而随着交通荷载的增大,传统技术工况下的筋材最大轴力基本不变。

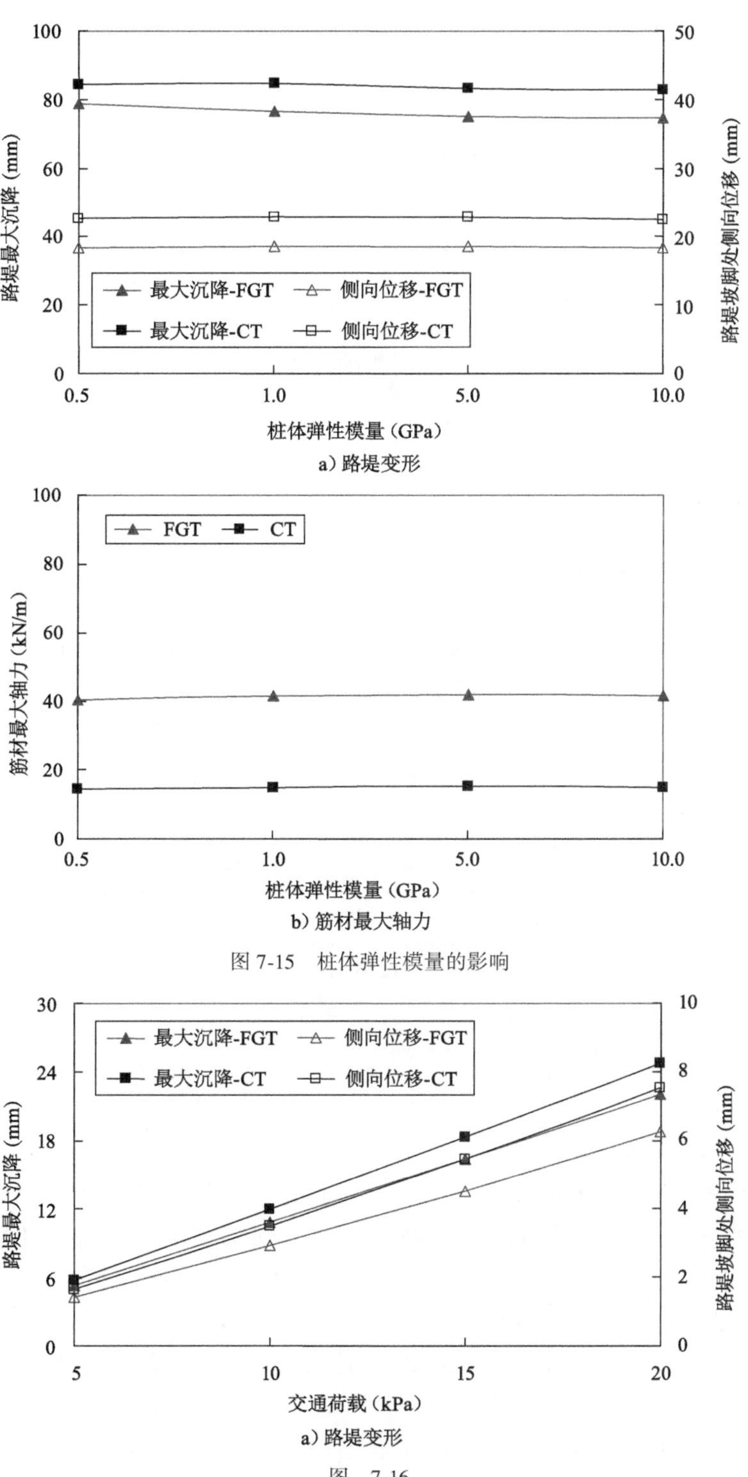

a) 路堤变形

b) 筋材最大轴力

图 7-15　桩体弹性模量的影响

a) 路堤变形

图　7-16

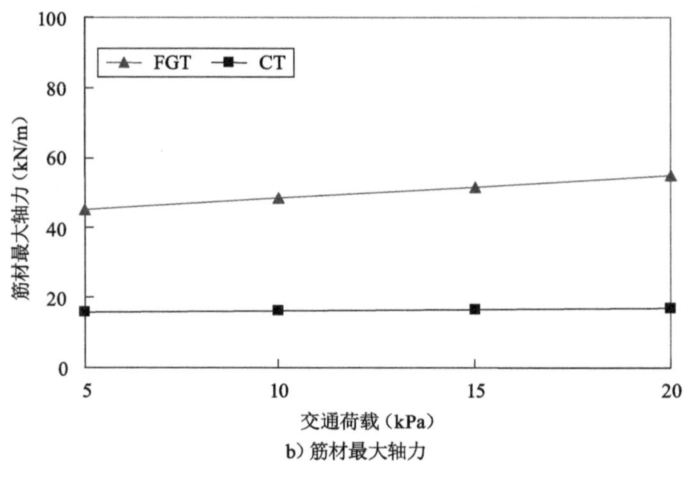

b）筋材最大轴力

图 7-16　交通荷载的影响

7.5　成本分析

本节以第 4 章路桥过渡段固网技术与传统技术两种工况下的地基处理为例，对两种工况下的地基处理工程成本进行对比分析。工程成本包括人工费、材料费和机械费 3 个方面。工程成本分析时，仅计算地基处理费用（不包括前期场地平整以及后期路堤填筑等费用），所有费用根据《湖北省 2008 建筑工程消耗量定额及统一基价表》计算求得。表 7-2 为固网技术与传统技术两种工况下处理 1.0km 该试验段所需费用。可以看出，相对于传统技术，固网技术工程总成本增加了 2.6%，其增加成本主要是材料费方面。

两种工况下的工程成本对比分析　　表 7-2

工　况	人　工　费	材　料　费	机　械　费	总　成　本
传统技术	212.06 万元	212.72 万元	201.17 万元	625.95 万元
固网技术	213.88 万元	227.10 万元	201.28 万元	642.26 万元
增加成本	1.82 万元	14.33 万元	0.11 万元	16.31 万元
成本增幅	0.9%	6.8%	0.1%	2.6%

由表 7-3 可见，相对于传统技术工况，固网技术工况下的工程总成本在仅增加2.6%的情况下，路堤顶面最大沉降和坡脚处侧向位移分别减小了 10.1%和 18.8%，筋材最大轴力增大了 178.4%。而传统技术工况下，当桩长从 10.0m 增大至 12.0m 时工程总成本增加了18.9%，路堤顶面最大沉降减小了 9.7%，但是桩长对坡脚处侧向位移和筋材最大轴力的影响不大。当桩间距从 3.5m 减小至 3.0m 时工程总成本增加了 13.8%，路堤顶面最大沉降和坡脚处侧向位移分别减小了 7.6%和 0.8%，筋材最大轴力增大了 13.8%。可以看出，相对于传统技术，固网技术工程总成本增加较小，但作用效果明显，经济效益显著。

两种工况下的作用效果对比分析　　表 7-3

工　况	CT-FGT	CT-桩长(m)	CT-桩间距(m)
基本工况	CT	10.0	3.5
对比工况	FGT	12.0	3.0
成本增幅	2.6%	18.9%	14.0%
路堤顶面最大沉降	-10.1%	-9.7%	-7.6%
坡脚处侧向位移	-18.8%	0.5%	-0.8%
筋材最大轴力	178.4%	0.8%	13.8%

7.6 本章小结

本章通过数值模拟对比分析了路堤荷载作用下固网技术与传统技术两种工况下的受力和变形特性。研究了两种工况下不同地基土弹性模量、不同筋材抗拉刚度、不同桩长、不同桩间距、不同桩体弹性模量和不同交通荷载条件下的作用机理和工作特性。数值模拟结果表明：

(1)固网技术建模时,将筋材直接铺设于桩顶,筋材与桩在桩顶处共节点模拟固定连接体系。对比分析了数值模拟计算结果与现场试验监测得到的桩间土沉降、距路堤坡脚 1.0m 处地基侧向位移和桩体效率,结果表明数值模拟结果与现场试验监测数据均较为吻合,证明了数值建模的合理性。

(2)相对于传统技术,固网技术可有效减小路堤沉降和侧向位移,提高桩体效率和筋材效率。同时,固网技术工况下的桩顶侧向位移变化曲线比传统技术工况规则,相邻桩间侧向位移增幅差异不大,说明固网技术可有效减小桩顶侧向位移,提高路堤整体性。

(3)当地基土弹性模量较小时,固网技术工况下的路堤最大沉降和坡脚处侧向位移远小于传统技术工况。随着地基土弹性模量的增大,两种工况下的路堤最大沉降和坡脚处侧向位移差值逐渐减小。相对于传统技术,固网技术更适用于软弱土条件下的地基加固。

(4)筋材抗拉刚度对固网技术与传统技术两种工况下的路堤最大沉降的影响均不大,但对路堤侧向位移的影响较显著。随着筋材抗拉刚度的增大,两种工况下的路堤侧向位移逐渐减小。同时,随着筋材抗拉刚度的增大,两种工况下的筋材最大轴力逐渐增大,且两者差值也逐渐增大。

(5)当交通荷载较小时,固网技术与传统技术两种工况下的路堤最大沉降和坡脚处侧向位移相差不大,随着交通荷载的增大,传统技术工况下的路堤最大沉降和坡脚处侧向位移增幅明显大于固网技术工况。相对于传统技术,固网技术更适用于重载交通荷载条件下的地基加固。

(6)根据成本分析可知,相对于传统技术,固网技术工程总成本增幅较小,增加成本主要体现在材料费方面,但其作用效果明显,经济效益显著。

8 桩承式加筋路堤固网技术时效性分析

8.1 概述

桩承式加筋路堤具有工期短和成本低的优点，目前已广泛应用于高速公路、铁路、机场和港口等基础设施建设中。然而，随着工程应用的增多以及理论研究的深入，桩承式加筋路堤传统技术应用于上述工程仍存在一些不足[74-77]。针对桩承式加筋路堤传统技术中存在的不足，改变传统技术中的构造形式，研发出了桩承式加筋路堤固网技术。前文已通过现场试验和数值模拟手段证明了固网技术的优越性。但是，通过已有研究成果可知，桩承式加筋路堤的作用机理不仅与加筋材料参数、桩体设计参数和地基土性质有关，还与时间因素有关[2,122,123]。为了深入了解桩承式加筋路堤固网技术作用机理，本章通过有限元软件建立流固耦合模型，分析路堤受力和变形随时间的变化规律，同时，通过改变影响固网技术中各组成部分的设计参数，模拟不同工况条件，探讨各设计参数对固网技术作用机理的影响，为考虑时间效应的固网技术设计提供参考和建议。

8.2 工程概况及数值建模

以 2.3 节中十(堰)漫(山关)高速公路桩承式加筋路堤试验段为工程背景，路堤顶面宽度为 24.0m，路堤高度为 6.0m，路堤坡率为 1∶2。根据地质勘察资料可知，该试验段土层分布自上而下主要包括冲填土(施工过程中已全部清除)、软黏土、粉质黏土和风化片岩 4 层，其中地下水位在地面以下 0.2m 左右。采用岩土工程专业有限元软件 PLAXIS，建立如图 8-1所示的二维流固耦合模型，数值模型中土性参数通过室内土工试验和原位测试得到，数值模型计算参数见表 8-1。

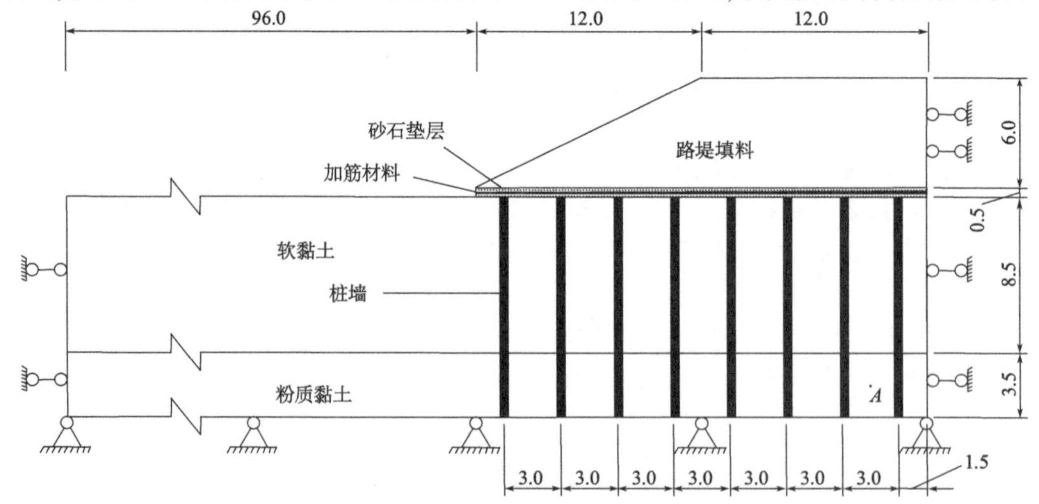

图 8-1 数值模型几何尺寸(尺寸单位：m)

数值模拟计算参数 表 8-1

土 层	天然重度 (kN/m³)	饱和重度 (kN/m³)	渗透系数 (cm/s)	弹性模量 (MPa)	泊 松 比	黏聚力 (kPa)	内摩擦角 (°)
路堤填料	20.4	20.9	2.15×10^{-4}	30.2	0.30	32.0	28.5
砂石垫层	21.3	22.1	2.31×10^{-3}	26.0	0.30	1.5	30.5
软黏土	19.2	20.1	4.75×10^{-6}	4.3	0.35	12.0	13.6
粉质黏土	19.1	20.3	2.36×10^{-5}	6.4	0.33	15.0	12.2

当采用传统技术时,筋材铺设于砂石垫层中间;当采用固网技术时,筋材直接铺设于桩顶,筋材与桩墙在桩顶处共节点模拟固定连接体系。如图 8-2 所示,数值模拟过程中路堤分 6 层填筑,第一层填筑 0.5m 砂石垫层和 1.0m 路堤填料,其余 5 层每层填筑 1.0m 路堤填料。路堤填筑速度为 0.1m/d,整个填筑过程共 65d。路堤填筑完毕后固结 400d。

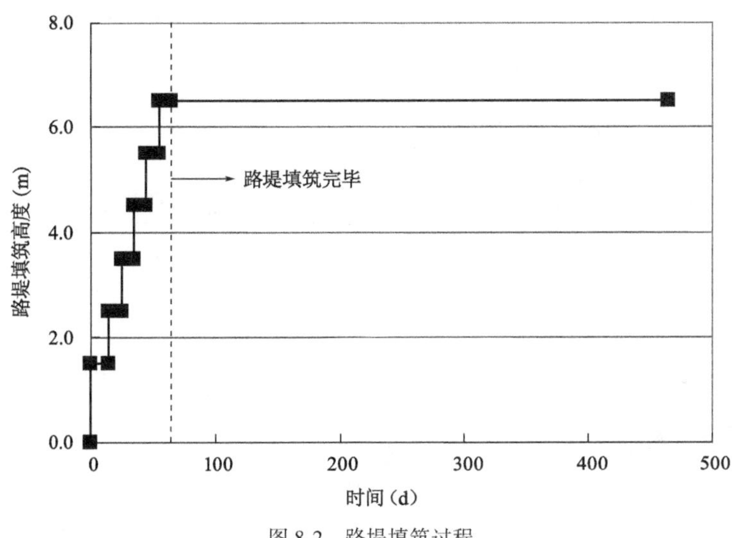

图 8-2 路堤填筑过程

8.3 数值模拟结果

试验段现场监测分为断面 Ⅰ 和断面 Ⅱ 两个断面,通过埋设沉降板和观测桩监测路堤中心处桩间地表沉降和路堤坡脚处侧向位移。由表 8-2 可以看出,数值模拟结果与现场试验实测数据较为吻合,证明了数值建模的合理性。

数 值 模 型 标 定 表 8-2

项 目		路堤中心处地基沉降 (mm)	路堤坡脚处侧向位移 (mm)
现场监测	断面 Ⅰ	35.0~54.5	18.2~21.6
	断面 Ⅱ	28.1~53.9	16.5~20.0
数值模拟		37.4	19.6

8.3.1 时效性分析

图 8-3 为固网技术与传统技术两种工况下的 A 点超孔隙水压力随时间变化规律。路堤填筑过程中,随着路堤填筑高度的增加,超孔隙水压力逐渐增大;路堤填筑完毕后,随着时间的增加,超孔隙水压力逐渐消散。可以看出,路堤填筑过程中传统技术工况下的超孔隙水压力增速明显大于固网技术工况;路堤填筑完毕时,固网技术与传统技术两种工况下的超孔隙水压力分别为 16.4kPa 和 22.1kPa。路堤填筑完毕后的前 100d,传统技术工况下的超孔隙水压力消散速度大于固网技术工况,随后两种工况下的超孔隙水压力消散速度基本相同。分析原因,超孔隙水压力是由于地基中附加应力引起的,固网技术有效提高了荷载传递效率,将更多的路堤荷载传递至桩上,因此固网技术工况下的桩间土承担的路堤荷载(附加应力)小于传统技术工况,所以路堤填筑过程中固网技术工况下的超孔隙水压力小于传统技术工况。路堤填筑完毕初期,由于传统技术工况下的超孔隙水压力较大,在相同渗透系数条件下,传统技术工况下的超孔隙水压力消散速度比固网技术工况大。随着时间的增加,传统技术工况下的超孔隙水压力逐渐接近固网技术工况,两种工况下的超孔隙水压力消散速度趋于相同。

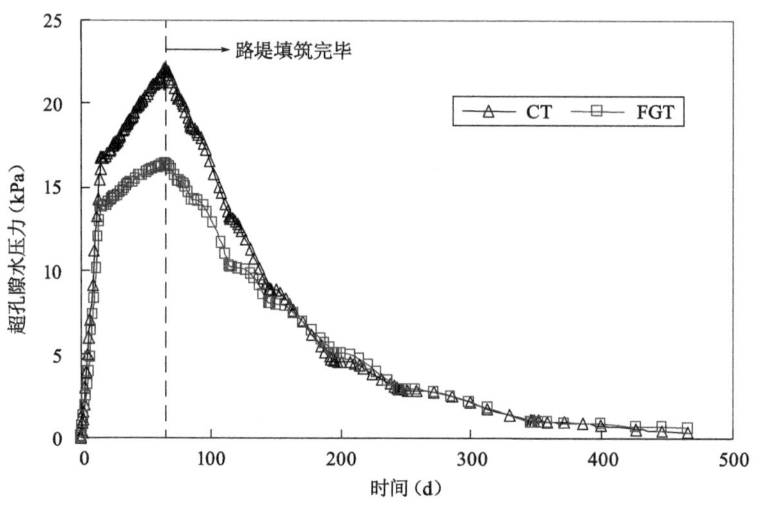

图 8-3 超孔隙水压力变化规律

固网技术与传统技术两种工况下的路堤坡脚处侧向位移随时间变化规律如图 8-4 所示。路堤填筑过程中,随着路堤填筑高度的增加,路堤坡脚处侧向位移逐渐增大;路堤填筑完毕后,随着时间的增加,路堤坡脚处侧向位移略有减小。可以看出,路堤填筑过程中,固网技术工况下的路堤坡脚处侧向位移增幅明显小于传统技术工况。路堤填筑完毕时,固网技术与传统技术两种工况下的路堤坡脚处侧向位移分别为 19.5mm 和 23.2mm。而路堤填筑完毕 400d 后,传统技术工况下的路堤坡脚处侧向位移减幅明显大于固网技术工况。这一现象说明路堤填筑完毕后,相对于传统技术工况,固网技术工况可有效减小路堤工后侧向位移,提高运营期间路堤整体稳定性。

如图 8-5 所示,两种工况下的路堤顶面最大沉降和差异沉降随时间的增加逐渐增大。固网技术工况下的路堤顶面最大沉降和差异沉降明显小于传统技术。路堤填筑完毕

400d 后，固网技术与传统技术工况下的路堤最大沉降比路堤填筑完毕时分别增大了5.7%和 13.5%，差异沉降分别增大了 6.7%和 27.9%。同时，传统技术工况下的路堤顶面最大沉降和差异沉降趋于稳定所需固结时间远大于固网技术工况。路堤填筑完毕 400d 后，传统技术工况下的路堤顶面最大沉降和差异沉降仍未趋于稳定。而固网技术工况下的路堤顶面最大沉降和差异沉降趋于稳定所需固结时间分别为 200d 和 50d。可以看出，固网技术可有效减小路堤工后沉降和差异沉降以及路堤工后沉降和差异沉降趋于稳定所需固结时间。

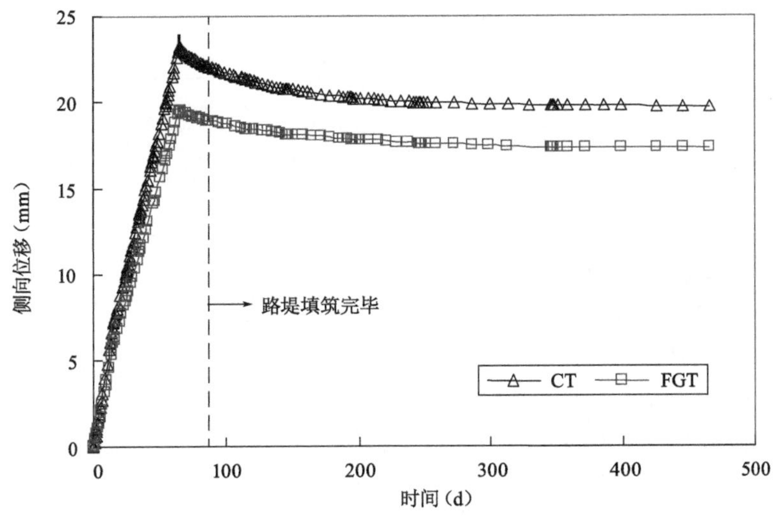

图 8-4　路堤坡脚处侧向位移变化规律

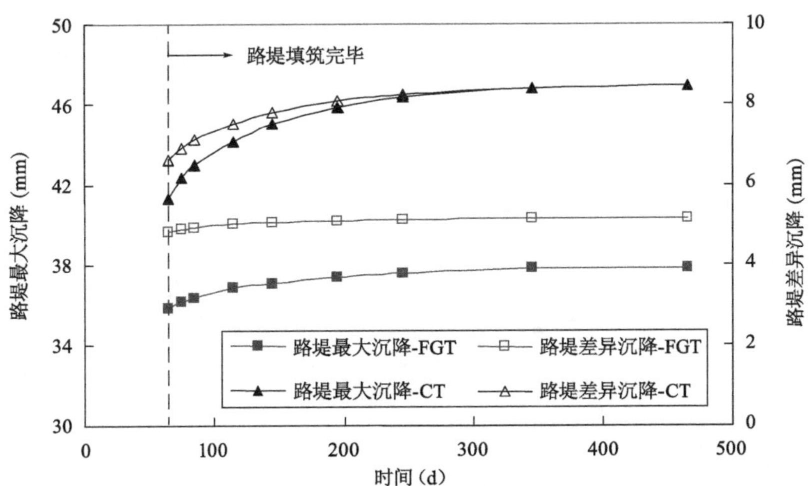

图 8-5　路堤沉降变化规律

如图 8-6 所示，路堤填筑过程中，随着路堤填筑高度的增加，两种工况下的筋材最大轴力逐渐增大。路堤填筑完毕时，固网技术与传统技术两种工况下的筋材最大筋力分别为 166.8kN/m 和 131.0kN/m。路堤填筑完毕后，随着时间的增加，固网技术工况下的筋材最大轴力略有增大，而传统技术工况下的筋材轴力略有减小。

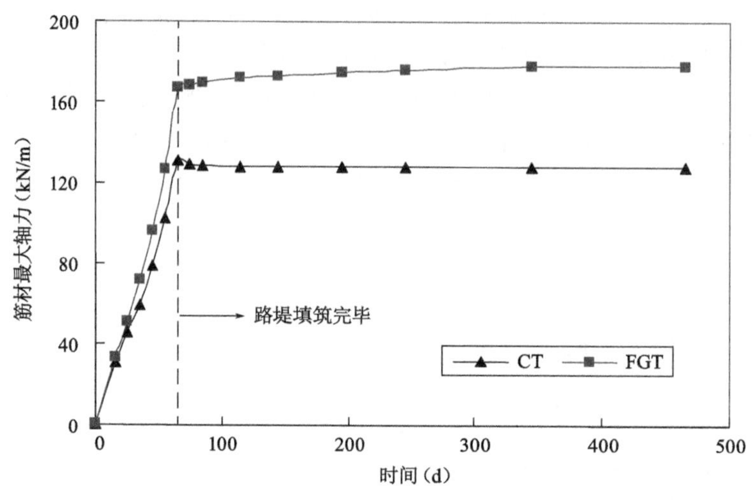

图 8-6　筋材最大轴力变化规律

8.3.2　变形与受力分析

图 8-7 为路堤填筑完毕时两种工况下的路堤顶面沉降变化曲线。固网技术工况下的路堤顶面沉降明显小于传统技术工况。固网技术与传统技术两种工况下的路堤顶面最大沉降分别为 35.8mm 和 41.3mm。同时,固网技术工况下的路堤顶面差异沉降明显小于传统技术工况,比传统技术减小了近 30%。可以看出,传统技术工况下,路堤顶面沉降曲线在距路堤中心线 6.0m 处发生明显的凹陷现象,而固网技术工况下该现象并不明显,路堤顶面沉降曲线平整度更高。

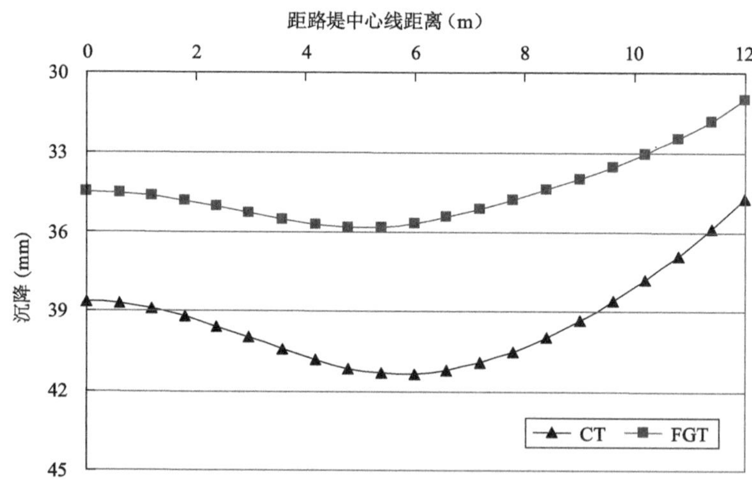

图 8-7　路堤顶面沉降变化曲线

固网技术与传统技术两种工况下的路堤坡脚处侧向位移随深度增加的变化规律如图 8-8所示。固网技术工况下,距地表 2.0m 深度范围内路堤坡脚处侧向位移基本相同,而后随着深度的增加,侧向位移逐渐减小。而传统技术工况下,路堤坡脚处侧向位移呈先增大后减小的趋势,其最大侧向位移发生在距地表 1.5m 深度处。同时,固网技术工况下的路堤坡脚处侧向位移明显小于传统技术工况,其最大侧向位移比传统技术减小了 16.2%。可以看出，固网技术可有效减小路堤坡脚处侧向位移，提高路堤整体稳定性。

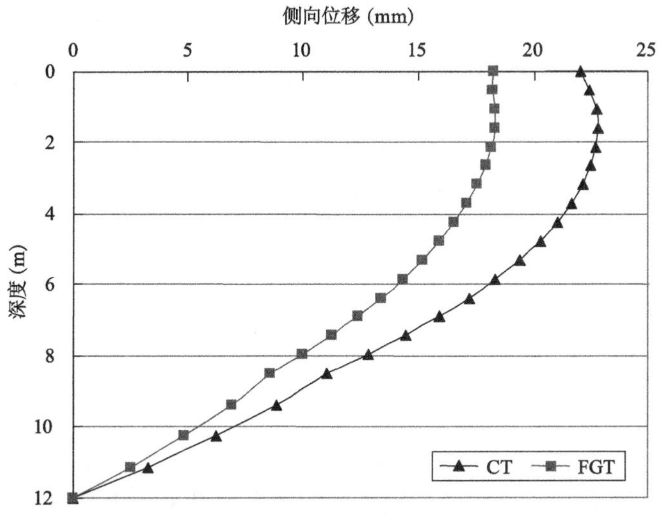

图 8-8　路堤坡脚处侧向位移变化曲线

图 8-9 为路堤填筑完毕时两种工况下的桩顶侧向位移分布曲线。总体而言，固网技术工况下的桩顶侧向位移小于传统技术工况。随着距路堤中心线距离的增大，两种工况下的桩顶侧向位移逐渐增大。路堤填筑完毕时，固网技术与传统技术两种工况下的边桩桩顶侧向位移分别为 19.4mm 和 23.0mm。可以看出，相对于传统技术工况，固网技术工况下的相邻桩墙间侧向位移增幅较稳定，桩墙与桩墙之间整体性更好。

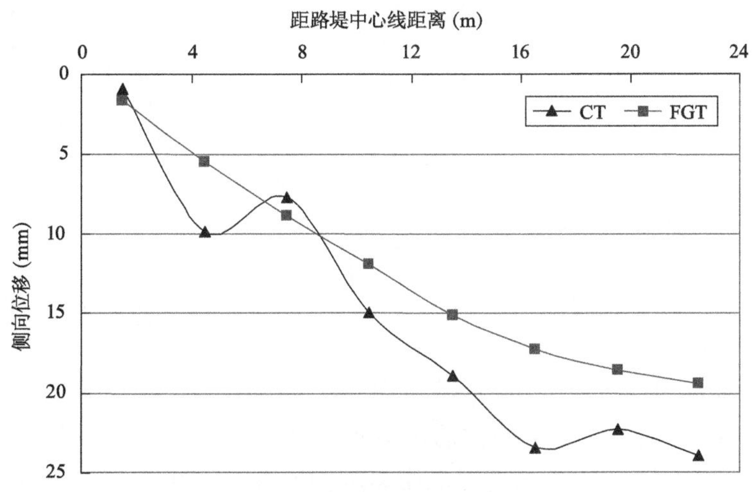

图 8-9　桩顶侧向位移变化规律

图 8-10 为路堤填筑完毕时两种工况下的地基表面沉降变化曲线。可以看出，距路堤中心线前四排桩墙范围内，传统技术工况下的桩间土表面沉降明显大于固网技术工况。同时，相对于传统技术工况，固网技术工况下的相邻桩间土表面沉降差异较小，该现象也解释了传统技术工况下路堤顶面沉降曲线的凹陷现象。随着距路堤中心线距离的增大，两种工况下的桩间地基沉降差异逐渐不明显。

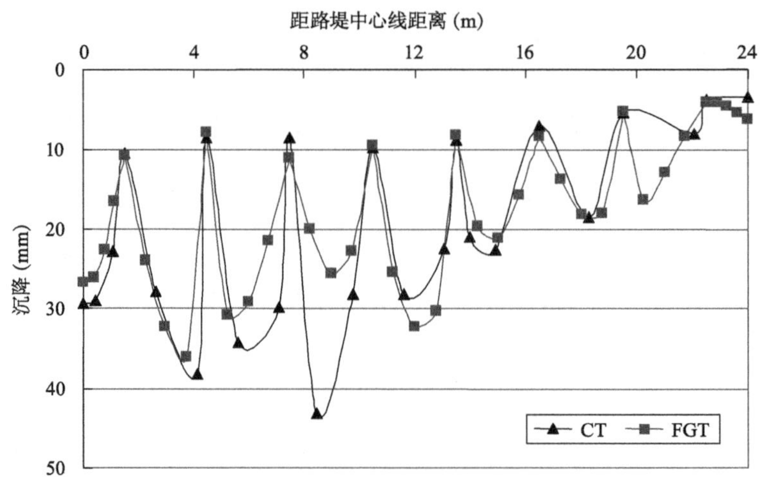

图 8-10　地基表面沉降变化曲线

如图 8-11 所示,固网技术工况下的筋材竖向变形变化曲线与图 8-10 中该工况下的地基表面沉降变化曲线一致。而传统技术工况下的筋材竖向变形变化曲线与该工况下的地基表面沉降变化曲线差异明显。可以看出,固网技术工况下的筋材竖向差异变形明显大于传统技术工况,可有效提高筋材张拉膜效应。

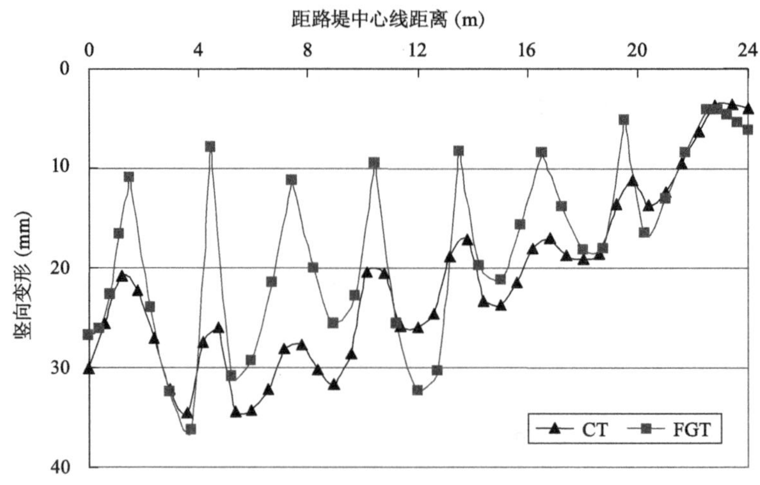

图 8-11　筋材竖向变形变化曲线

路堤填筑完毕时,两种工况下的桩墙最大轴力和弯矩变化规律如图 8-12 和图 8-13 所示。由图 8-12 可以看出,传统技术工况下距路堤中心线前五排桩墙范围内,桩墙最大轴力相差不大,随后随着距路堤中心线距离的增加,桩墙最大轴力逐渐减小。相对于传统技术工况,固网技术工况下的各桩墙最大轴力分布较不规则。由图 8-13 可以看出,总体而言,传统技术工况下的桩墙最大弯矩大于固网技术工况。分析原因可能是由于传统技术工况下的桩墙与桩墙之间整体性较差,当某一区域地基侧向压力较大时,该侧向压力基本由该区域范围内桩墙承担,使该区域范围内桩墙弯矩显著增大。而固网技术工况下的桩墙与桩墙之间整体性较好,可通过桩墙与桩墙之间的相互作用共同承担地基侧向压力,减小桩墙弯矩。

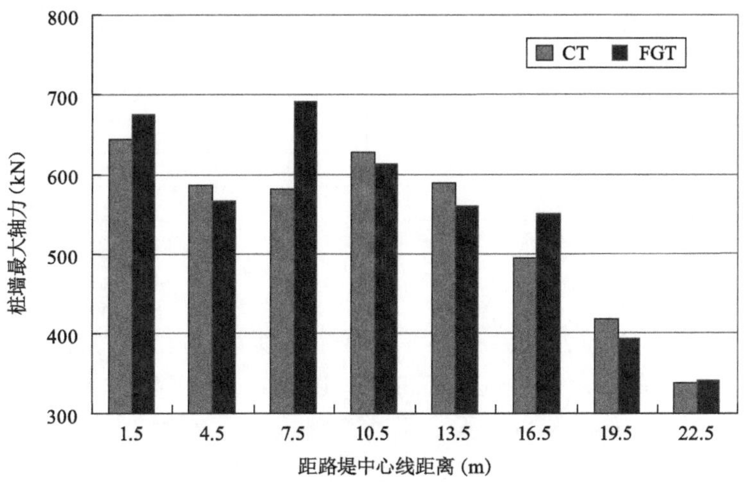

图 8-12 桩墙最大轴力变化规律

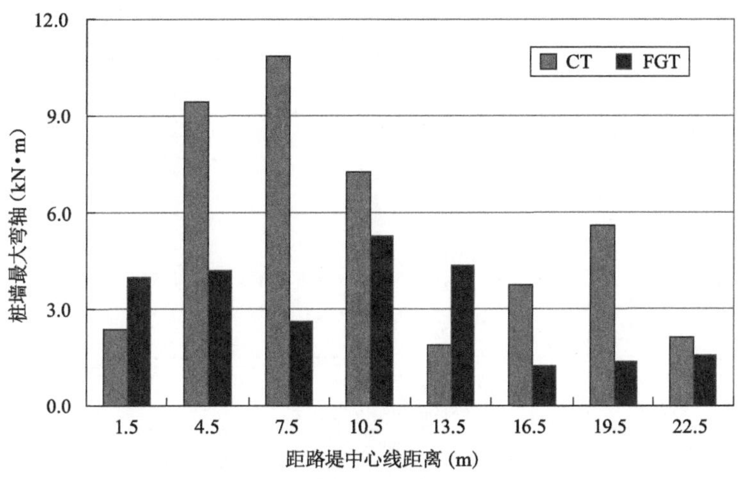

图 8-13 桩墙最大弯矩变化规律

8.4 参数分析

基于上述流固耦合模型,通过改变影响固网技术中各组成部分的设计参数,模拟不同工况条件,探讨固网技术作用机理与各设计参数之间的相互关系。5 组设计参数取值见表 8-3,参数取值范围参考实际工程设计中常用取值[2,63-64]。为使计算结果具有可比性,当对某一设计参数进行参数分析时,模型中其他参数保持不变。探讨各设计参数对施工过程中和工后路堤沉降(路堤顶面最大沉降)、差异沉降(路堤顶面差异沉降)、路堤坡脚处侧向位移和筋材最大轴力 4 种重要路堤评价指标的影响。路堤工后沉降(差异沉降、路堤坡脚处侧向位移和筋材最大轴力)定义为路堤填筑完毕 400d 后数值模拟结果与路堤填筑完毕时数值模拟结果的差值(绝对值)。

数值模型中参数选取 表 8-3

设计参数	参数取值
筋材抗拉刚度(kN/m)	10、100、1000、10000、100000(86000*)
桩墙间距(m)	2.0、3.0*、4.0
软黏土弹性模量(MPa)	2.0、3.0、4.0、5.0、6.0(4.3*)
桩墙弹性模量(MPa)	10、100、1000*、10000
桩墙宽度(m)	0.3、0.4、0.5*、0.6、0.7

注：* 基本模型中参数取值。

8.4.1 筋材抗拉刚度

图 8-14a)为两种工况下路堤施工过程中和工后路堤沉降随筋材抗拉刚度增大的变化规律。随着筋材抗拉刚度的增大，两种工况下的施工过程中路堤沉降逐渐减小，而筋材抗拉刚度对工后沉降的影响不大。如图 8-14b)所示，随着筋材抗拉刚度的增大，传统技术工况下的施工过程中路堤差异沉降逐渐减小，而固网技术工况下的施工过程中路堤差异沉降呈先增大后减小的趋势。与路堤工后沉降变化规律相似，筋材抗拉刚度对两种工况下的工后差异沉降的影响有限。

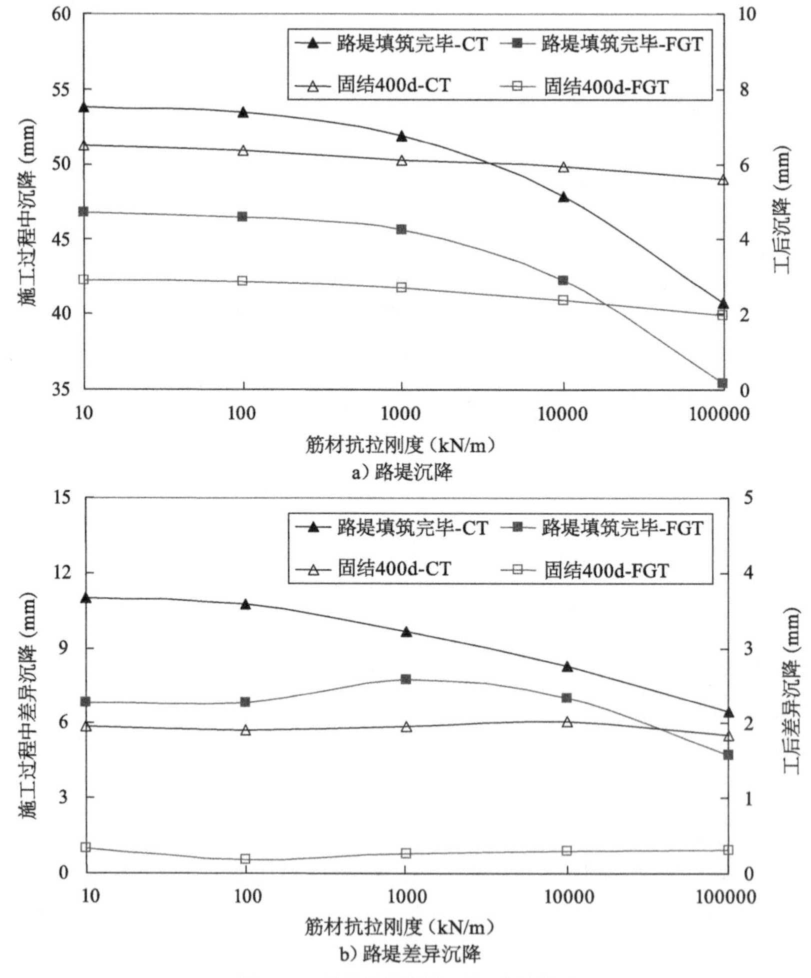

图 8-14 筋材抗拉刚度对沉降的影响

如图 8-15 所示,随着筋材抗拉刚度的增大,两种工况下的施工过程中路堤坡脚处侧向位移逐渐减小。当筋材抗拉刚度较小时,筋材抗拉刚度对路堤坡脚处侧向位移的影响不大;当筋材抗拉刚度增大至 1000kN/m 后,随着筋材抗拉刚度的增大,路堤坡脚处侧向位移显著减小。随着筋材抗拉刚度的增大,固网技术工况下的工后侧向位移呈先增大后减小的趋势,而传统技术工况下的工后侧向位移呈先减小后增大的趋势。

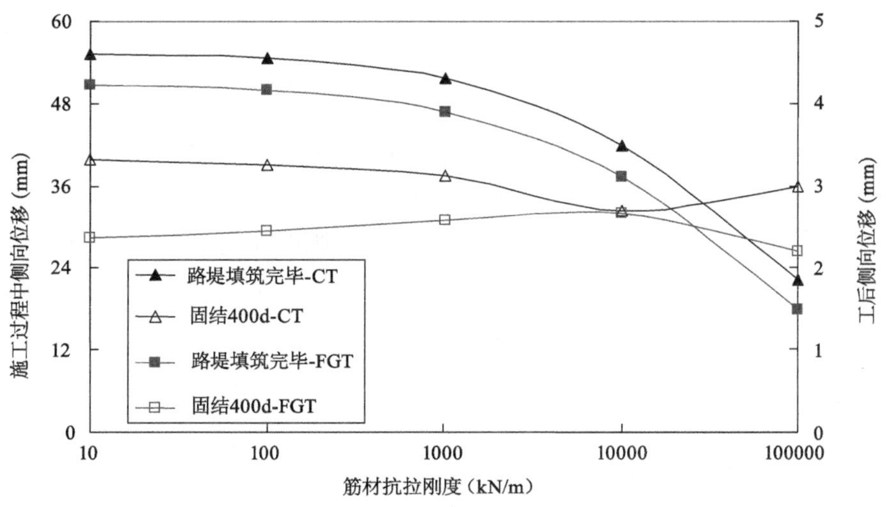

图 8-15　筋材抗拉刚度对侧向位移的影响

图 8-16 为两种工况下的路堤施工过程中和工后筋材最大轴力随筋材抗拉刚度增大的变化规律。路堤施工过程中,固网技术工况下的各筋材抗拉刚度条件下筋材最大轴力均大于传统技术工况,且随着筋材抗拉刚度的增大,两种工况下的筋材最大轴力差值逐渐增大。当筋材抗拉刚度较小时,两种工况下的工后筋材最大轴力相差不大,而当筋材抗拉刚度增大至 10000kN/m 后,固网技术工况下的工后筋材最大轴力显著增大,是传统技术工况下的工后筋材最大轴力的 3 倍。

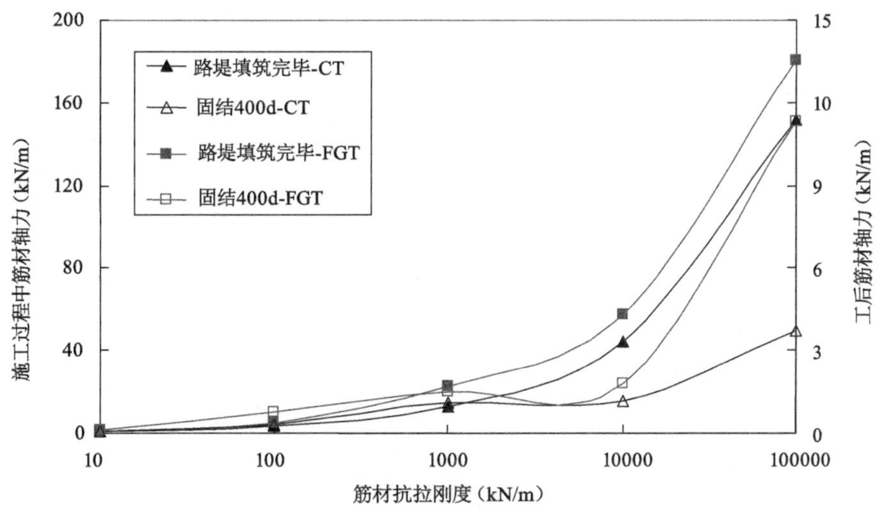

图 8-16　筋材抗拉刚度对筋材轴力的影响

8.4.2 桩墙间距

如图 8-17 所示,桩墙间距对两种工况下的路堤沉降和差异沉降具有显著影响。由图 8-17a)可知,当桩墙间距较小时,两种工况下的施工过程中路堤沉降增幅基本相同;当桩墙间距增大至 3m 后,传统技术工况下的施工过程中路堤沉降增幅显著提高,而固网技术工况下的路堤沉降仍呈线性增大。与施工过程中沉降变化规律相似,当桩墙间距增大至 3m 后,传统技术工况下的工后路堤沉降增幅显著提高,而固网技术工况下的增幅基本不变。由图 8-17b)可知,随着桩墙间距的增大,传统技术工况下的施工过程中和工后路堤差异沉降逐渐增大,而固网技术工况下的施工过程中和工后路堤差异沉降呈先增大后减小的趋势。与路堤沉降变化规律相似,当桩墙间距从 3m 增大至 4m 时,传统技术工况下的路堤差异沉降增幅显著提高,而固网技术工况下的路堤差异沉降略有减小。可以看出,当桩墙间距增大至一定程度时,传统技术工况下的路堤沉降和差异沉降会显著增大,作用效果急剧下降。而固网技术工况下该现象并不明显,固网技术工程应用时,可采用疏桩布置形式,以减小工程成本。

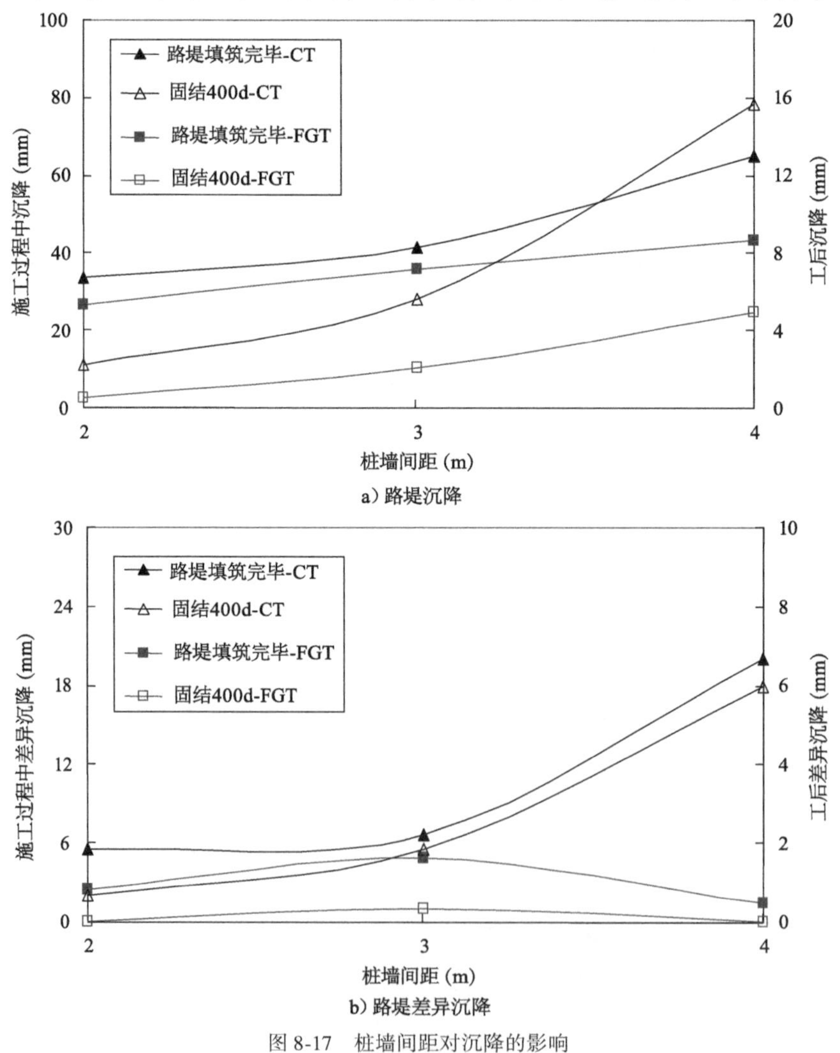

图 8-17 桩墙间距对沉降的影响

如图 8-18 所示，随着桩墙间距的增大，固网技术工况下的施工过程中和工后路堤坡脚处侧向位移呈线性增大，而传统技术工况下的路堤坡脚处侧向位移呈非线性增大。与路堤沉降变化规律相似，当桩墙间距从 3m 增大至 4m 时，传统技术工况下的路堤坡脚处侧向位移增幅显著提高，而固网技术工况下的增幅基本不变。

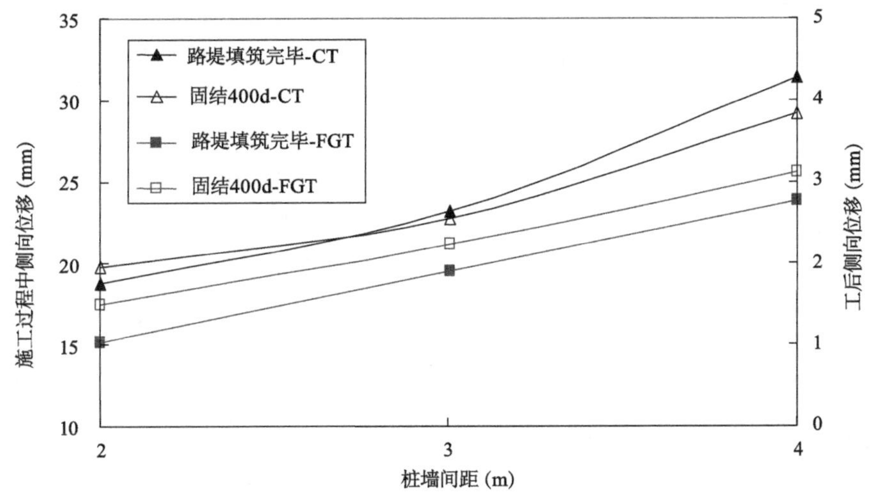

图 8-18 桩墙间距对侧向位移的影响

两种工况下的施工过程中和工后筋材最大轴力随桩墙间距增大的变化规律如图 8-19 所示。随着桩墙间距的增大，固网技术工况下的施工过程中筋材最大轴力呈线性增大，传统技术工况下的施工过程中筋材最大轴力呈非线性增大。当桩墙间距从 3m 增大至 4m 时，传统技术工况下的施工过程中筋材最大轴力增幅显著提高。同时，随着桩墙间距的增大，固网技术工况下的工后筋材最大轴力呈非线性增大，且增幅逐渐增大。而随着桩墙间距的增大，传统技术工况下的工后筋材最大轴力呈线性减小。

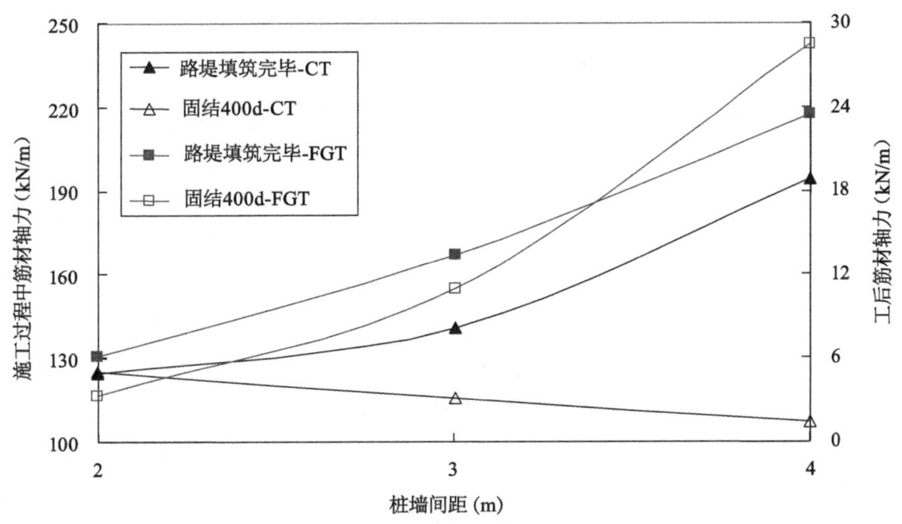

图 8-19 桩墙间距对筋材轴力的影响

8.4.3 软黏土弹性模量

如图 8-20 所示,软黏土弹性模量对传统技术工况下的路堤沉降和差异沉降的影响明显大于固网技术工况。由图 8-20a)可以看出,当软黏土弹性模量为 2.0MPa 时,相对于传统技术工况,固网技术工况下的施工过程中和工后路堤沉降分别减小了 21.1%和 70.7%。随着软黏土弹性模量的增大,两种工况下的施工过程中和工后路堤沉降差值逐渐减小。由图 8-20b)可知,随着软黏土弹性模量的增大,传统技术工况下的施工过程中和工后路堤差异沉降逐渐减小,而固网技术工况下的施工过程中和工后路堤差异沉降基本不变。

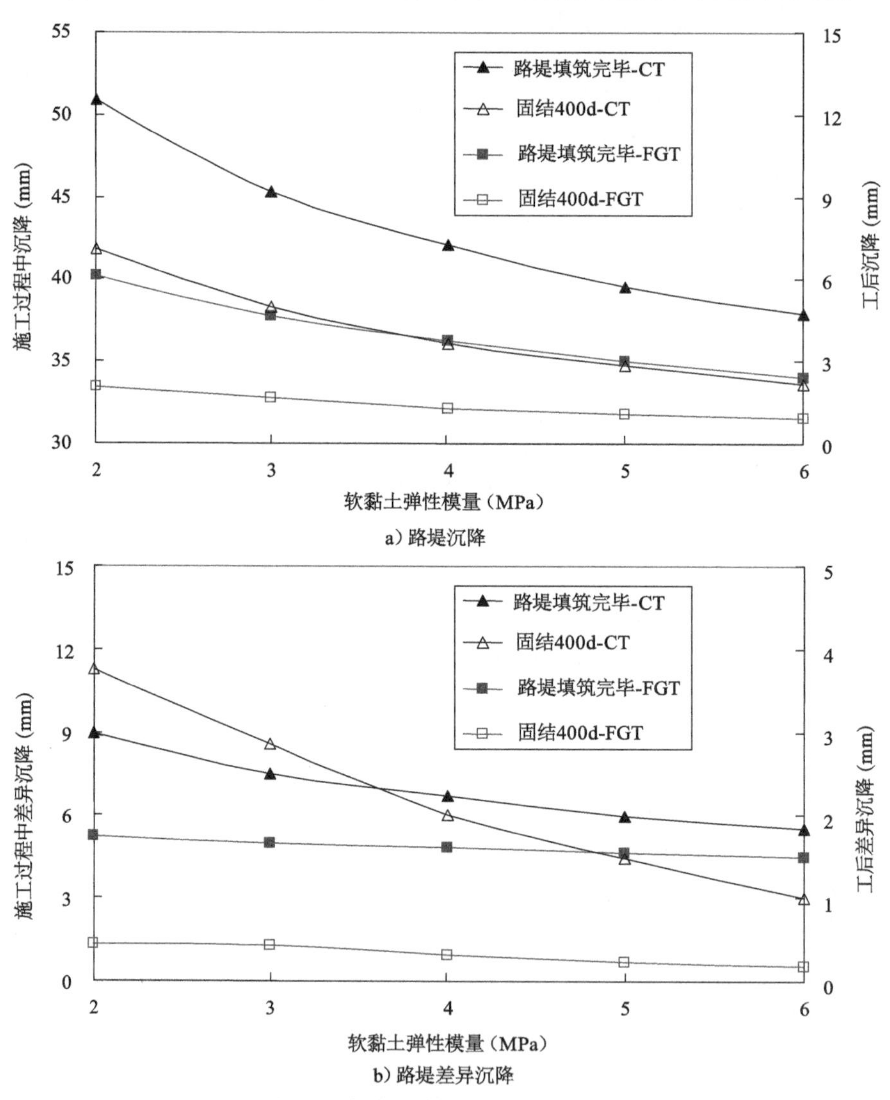

图 8-20 软黏土弹性模量对沉降的影响

图 8-21 为两种工况下的施工过程中和工后路堤坡脚处侧向位移随软黏土弹性模量增大的变化规律。随着软黏土弹性模量的增大,两种工况下的施工过程中和工后侧向位移逐渐减小,且两种工况下的施工过程中侧向位移差值逐渐减小。当软黏土弹性模量为 2.0MPa 时,固网技术工况下的工后侧向位移大于传统技术工况;当软黏土弹性模量从 2.0MPa 增大至 3.0MPa 时,

固网技术工况下的工后侧向位移显著减小，且其工后侧向位移逐渐小于传统技术工况；而后随着软黏土弹性模量的增大，固网技术工况下的工后侧向位移减幅逐渐减小。

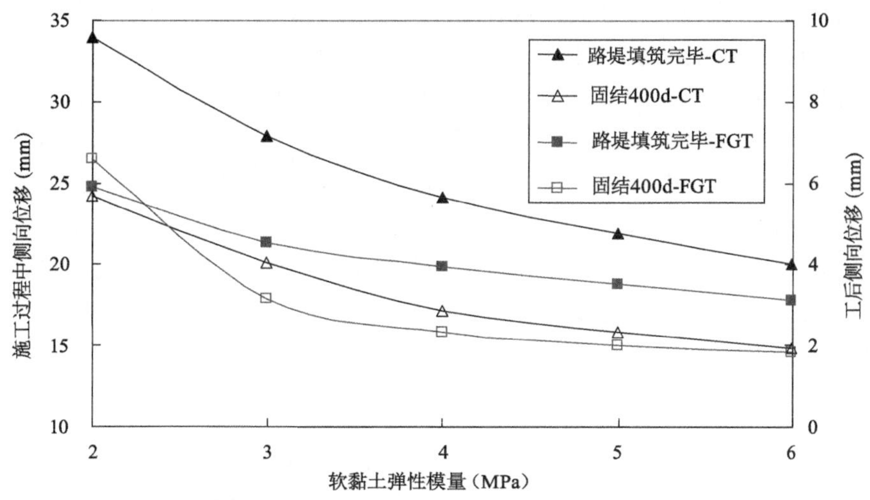

图 8-21　软黏土弹性模量对侧向位移的影响

如图 8-22 所示，随着软黏土弹性模量的增大，固网技术工况下的施工过程中和工后筋材最大轴力逐渐减小。同时，随着软黏土弹性模量的增大，传统技术工况下的施工过程中筋材最大轴力逐渐减小，而工后筋材最大轴力呈先减小后增大的趋势。

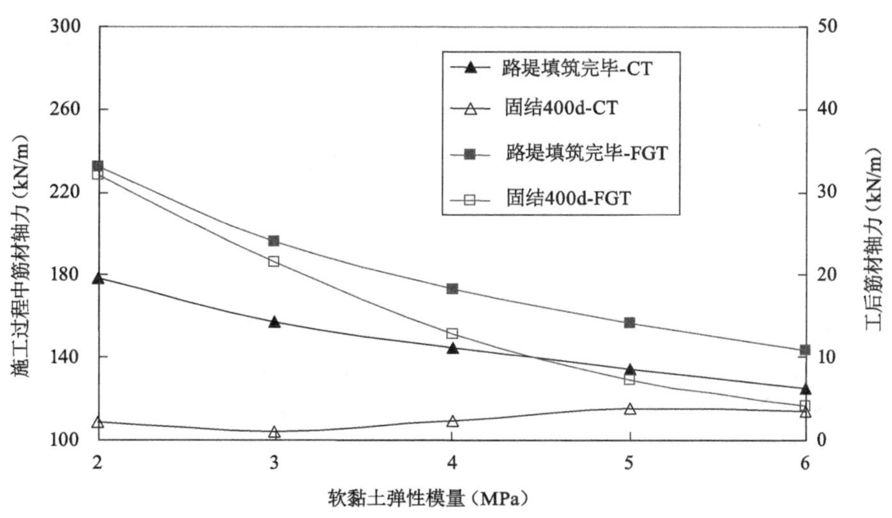

图 8-22　软黏土弹性模量对筋材轴力的影响

8.4.4　桩墙弹性模量

图 8-23 为两种工况下的路堤沉降和差异沉降随桩墙弹性模量增大的变化规律。由图 8-23a) 可知，随着桩墙弹性模量的增大，两种工况下的施工过程中和工后路堤沉降逐渐减小。当桩墙弹性模量较小时，两种工况下的施工过程中路堤沉降基本相同；随着桩墙弹性模量的增大，两种工况下的施工过程中路堤沉降差值逐渐增大。同时，当桩墙弹性模量为 10MPa 时，固网技术工况下的工后路堤沉降大于传统技术工况；随着桩墙弹性模量的增大，

固网技术下的工后路堤沉降逐渐小于传统技术工况，而后随着桩墙弹性模量的增大，两者差值逐渐增大。由图8-23b）可知，随着桩墙弹性模量的增大，两种工况下的施工过程中差异沉降呈先增大后减小的趋势。当桩墙弹性模量较小时，固网技术工况下的工后路堤沉降大于传统技术工况；随着桩墙弹性模量的增大，两种工况下的施工过程中差异沉降差值逐渐减小；当桩墙弹性模量为100MPa时，两种工况下的施工过程中差异沉降基本相等，随后固网技术工况下的施工过程中差异沉降减幅明显大于传统技术工况。同时，随着桩墙弹性模量的增大，两种工况下的工后差异沉降逐渐减小。与工后路堤沉降变化规律相似，当桩墙弹性模量较小时，固网技术工况下的工后差异沉降大于传统技术工况；随着桩墙弹性模量的增大，固网技术工况下的工后差异沉降减幅明显大于传统技术工况，固网技术工况下的工后路堤差异沉降逐渐小于传统技术工况，而后随着桩墙弹性模量的增大，两者差值逐渐增大。

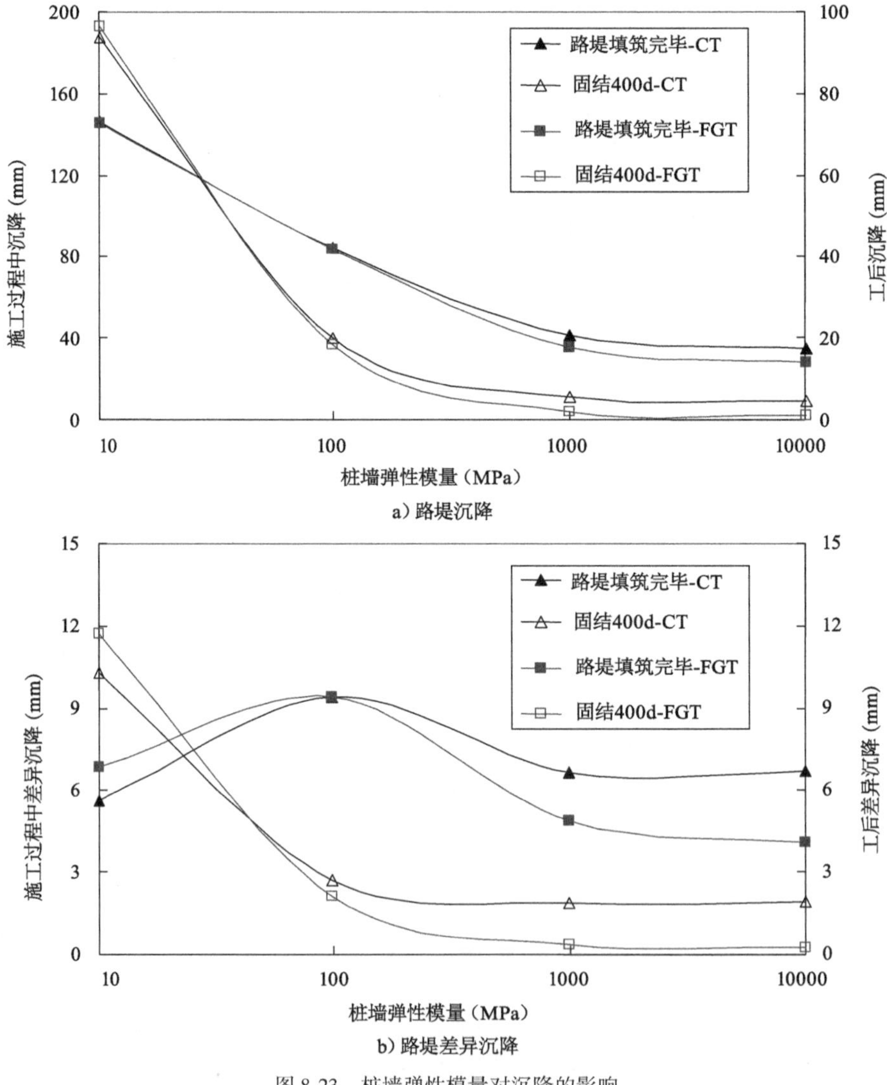

图8-23　桩墙弹性模量对沉降的影响

如图 8-24 所示,随着桩墙弹性模量的增大,两种工况下的施工过程中和工后路堤坡脚处侧向位移逐渐减小。同时,两种工况下的施工过程中路堤侧向位移差值呈先减小后增大的趋势。可以看出,随着桩墙弹性模量的增大,两种工况下的工后路堤侧向位移变化趋势可分为 3 个阶段:当桩墙弹性模量从 10MPa 增大至 100MPa 时,工后路堤侧向位移减幅较小;当桩墙弹性模量从 100MPa 增大至 1000MPa 时,工后路堤侧向位移减幅显著增大,而当桩墙弹性模量从 1000MPa 增大至 10000MPa 时,工后路堤侧向位移基本不变。

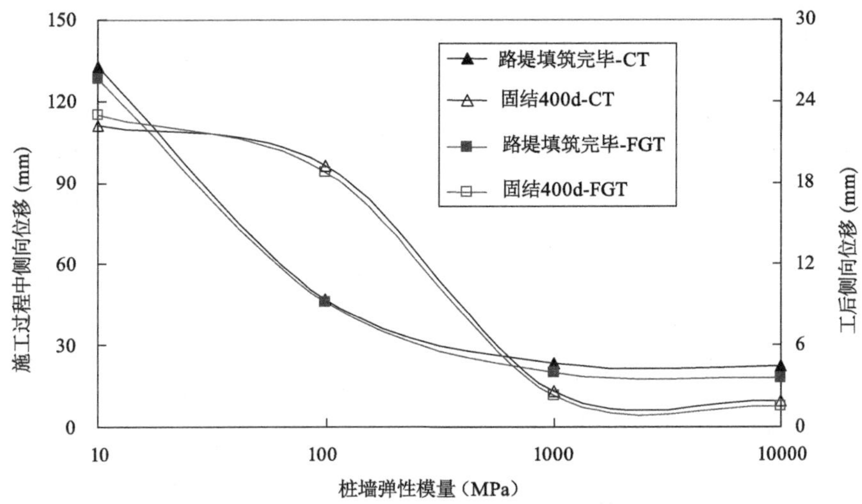

图 8-24 桩墙弹性模量对侧向位移的影响

如图 8-25 所示,随着桩墙弹性模量的增大,两种工况下的施工过程中筋材最大轴力逐渐减小。同时,两种工况下的施工过程中筋材最大轴力差值逐渐增大。随着桩墙弹性模量的增大,固网技术工况下的工后筋材最大轴力逐渐减小,且减幅逐渐减小。与工后侧向位移变化规律相似,传统技术工况下的工后筋材最大轴力变化趋势同样可分为"减幅较小-减幅较大-基本不变"3 个阶段。

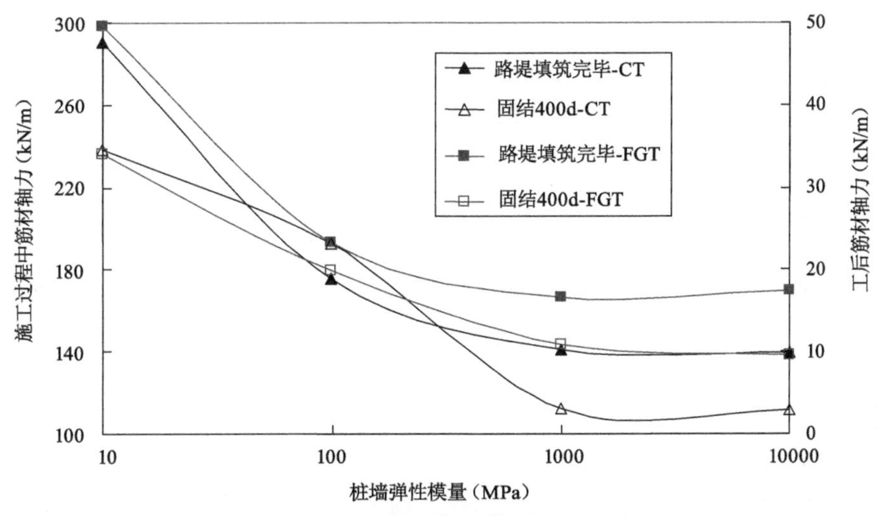

图 8-25 桩墙弹性模量对筋材轴力的影响

8.4.5 桩墙宽度

如图 8-26 所示，桩墙宽度对两种工况下的路堤沉降和差异沉降的影响不大。随着桩墙宽度的增大，两种工况下的施工过程中和工后路堤沉降逐渐减小。而随着桩墙宽度的增大，两种工况下的路堤差异沉降基本不变。

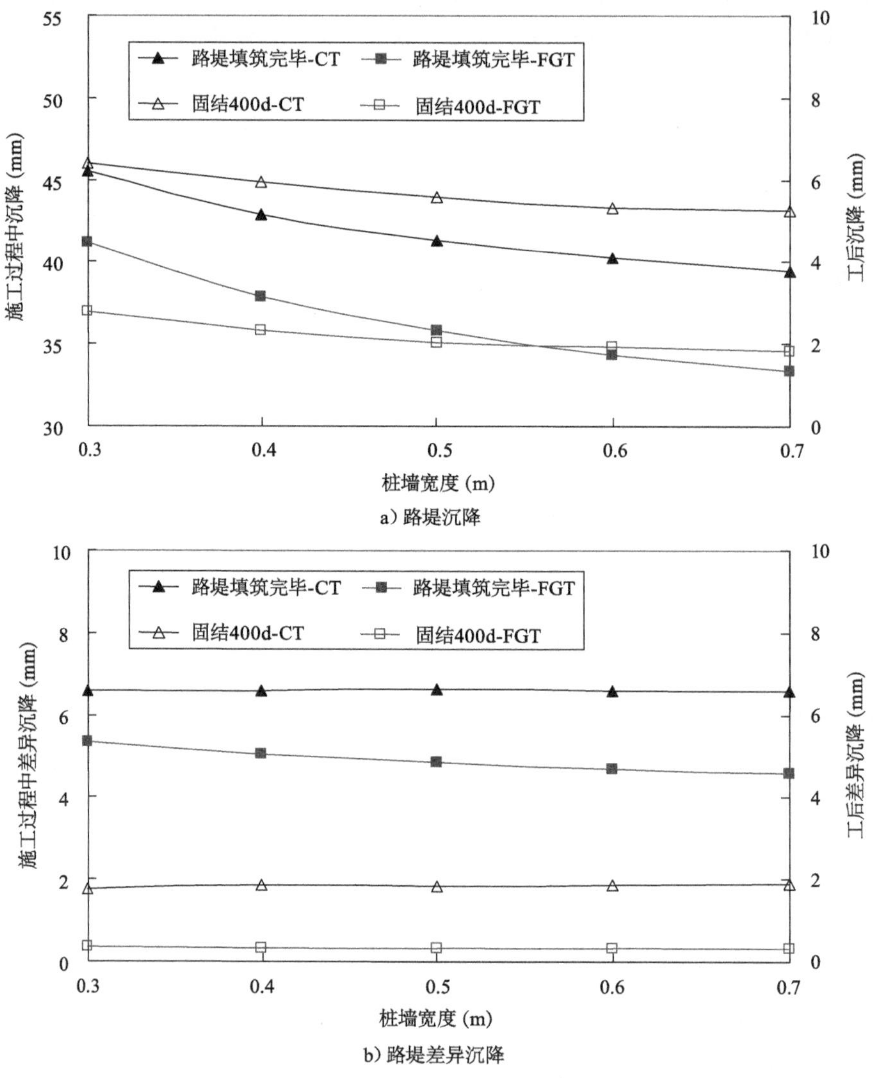

图 8-26　桩墙宽度对沉降的影响

图 8-27 为两种工况下的路堤坡脚处侧向位移随桩墙宽度增大的变化规律。当桩墙宽度从 0.3m 增大至 0.5m 时，两种工况下的施工过程中和工后路堤侧向位移逐渐减小；当桩墙宽度大于 0.5m 后，两种工况下的施工过程中和工后路堤侧向位移均各自趋于一定值。可以看出，桩墙宽度对固网技术工况下的施工过程中和工后路堤侧向位移的影响要小于对传统技术工况的影响。

两种工况下的施工过程中和工后筋材最大轴力随桩墙宽度增大的变化规律如图 8-28 所示。桩墙宽度对两种工况下的施工过程中筋材最大轴力的影响不大。同时，随着桩墙宽度的增大，固网技术工况下的工后筋材最大轴力略有增大，而传统技术工况下的工后筋材最大轴力略有减小。

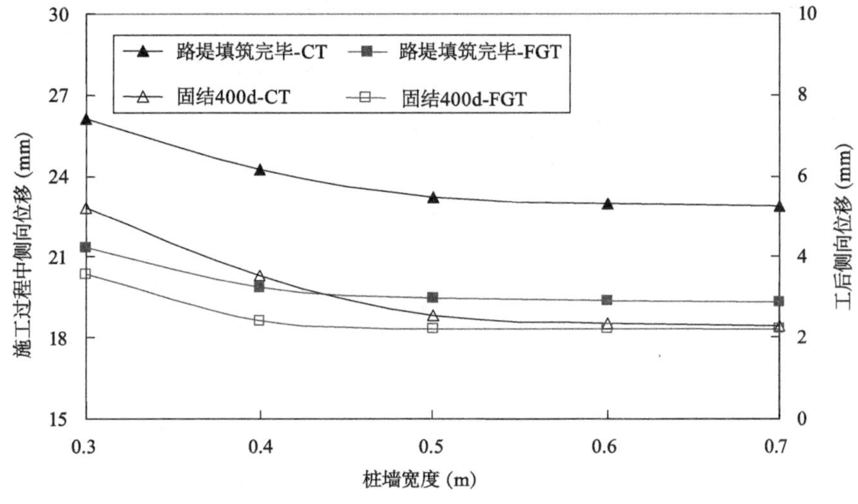

图 8-27 桩墙宽度对侧向位移的影响

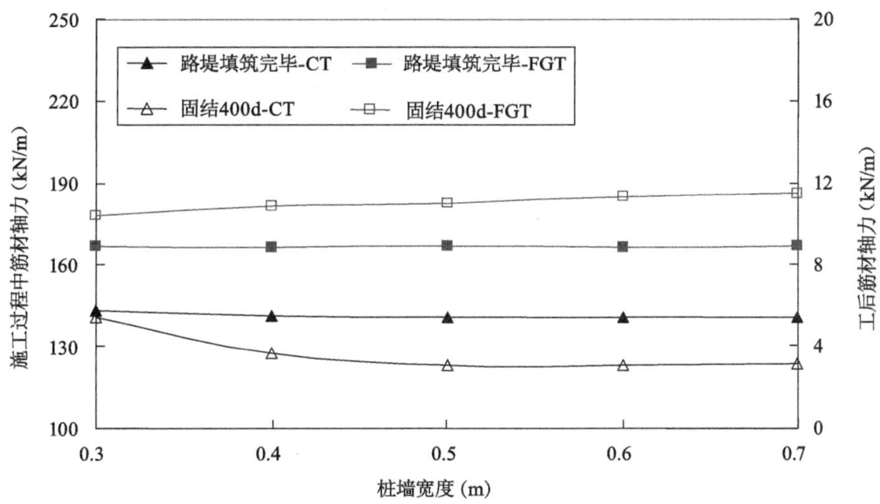

图 8-28 桩墙宽度对筋材轴力的影响

8.4.6 参数影响权重

将固网技术中各设计参数对施工过程中和工后路堤沉降、差异沉降、侧向位移和筋材轴力的影响分为正、负两个方面。随着某一设计参数的增大，如果路堤沉降、差异沉降和侧向位移减小以及筋材轴力增大，则该设计参数对固网技术中各评价指标的影响为正影响，记作“+”；反之，为负影响，记作“-”。通常，采用参数影响指数作为各设计参数对固网技术作用效果的评价标准[102]，参数影响指数表达式如下：

$$\eta = \frac{|V_{max} - V_{min}|}{(V_{max} + V_{min})/2} \times 100\% \tag{8-1}$$

式中，V_{max} 和 V_{min} 分别为各评价指标的最大值和最小值。

以计算筋材抗拉刚度对固网技术工况下施工过程中路堤沉降的参数影响指数为例，进行筋材抗拉刚度参数分析时，最大和最小路堤沉降分别为46.8mm和35.4mm，筋材抗拉刚度对固网技术工况下施工过程中路堤沉降的参数影响指数为：

$$\eta = \frac{|46.8 - 35.4|}{(46.8 + 35.4)/2} \times 100\% = 28\%$$

同时，根据各设计参数对固网技术中各评价指标的参数影响指数大小将其对固网技术作用效果分为3个等级：高($\eta \geqslant 60\%$)、中($30\% < \eta < 60\%$)和低($\eta \leqslant 30\%$)。各设计参数施工过程中和工后参数影响指数见表8-4和表8-5，各设计参数施工过程中和工后参数影响等级见表8-6和表8-7。

施工过程中各参数影响指数(%)　　表8-4

参　数	筋材抗拉刚度	桩墙间距	软黏土弹性模量	桩墙弹性模量	桩墙宽度
路堤沉降	28	48	17	135	21
差异沉降	36	54	15	50	15
侧向位移	95	44	33	151	10
筋材轴力	199	50	47	55	2

工后各参数影响指数(%)　　表8-5

参　数	筋材抗拉刚度	桩墙间距	软黏土弹性模量	桩墙弹性模量	桩墙宽度
路堤沉降	37	163	78	195	41
差异沉降	60	190	78	125	14
侧向位移	19	70	112	176	46
筋材轴力	197	158	154	112	9

施工过程中各参数影响等级　　表8-6

参　数	筋材抗拉刚度	桩墙间距	软黏土弹性模量	桩墙弹性模量	桩墙宽度
路堤沉降	低(+)	中(-)	低(+)	高(+)	低(+)
差异沉降	中(+)	中(+)	低(+)	中(+)	低(+)
侧向位移	高(+)	中(+)	中(+)	高(+)	低(+)
筋材轴力	高(+)	中(+)	中(-)	中(-)	低(-)

工后各参数影响等级　　表8-7

参　数	筋材抗拉刚度	桩墙间距	软黏土弹性模量	桩墙弹性模量	桩墙宽度
路堤沉降	中(+)	高(-)	高(+)	高(+)	中(+)
差异沉降	中(+)	高(-)	高(+)	高(+)	低(+)
侧向位移	低(+)	高(-)	高(+)	高(+)	中(+)
筋材轴力	高(+)	高(+)	高(-)	高(-)	低(+)

可以看出，施工过程中，桩墙间距和桩墙弹性模量对固网技术中各评价指标的影响较大，参数影响等级为中到高级；筋材抗拉刚度对路堤沉降和差异沉降的影响较小，而对侧向位移和筋材轴力的影响很大；桩墙宽度对固网技术中各评价指标的影响有限，参数影响等级

均为低级。

运营过程中(工后),软黏土弹性模量、桩墙间距和桩墙弹性模量对固网技术中各评价指标都有显著影响;相对于施工过程中,筋材抗拉刚度对路堤沉降和差异沉降的影响有所提高,但对侧向位移的影响显著减小;桩墙宽度对固网技术中各评价指标的影响不大,参数影响等级为低到中级。

8.5 本章小结

本章通过有限元软件建立流固耦合模型,分析了路堤受力和变形随时间的变化规律,同时,通过改变影响固网技术中各组成部分的设计参数,模拟不同工况条件,探讨了各设计参数对固网技术作用机理的影响,得到以下结论:

(1)路堤填筑过程中,随着路堤填筑高度的增加,传统技术工况下的超孔隙水压力增速明显大于固网技术工况;路堤填筑完毕后一定时间内,传统技术工况下的超孔隙水压力消散速度大于固网技术工况,随后两种工况下的超孔隙水压力消散速度基本相同。

(2)路堤填筑过程中,随着路堤填筑高度的增加,路堤坡脚处侧向位移逐渐增大;路堤填筑完毕后,随着时间的增加,路堤坡脚处侧向位移略有减小。相对于传统技术工况,固网技术工况可有效减小工后侧向位移,提高运营期间路堤整体稳定性。

(3)相对于传统技术,固网技术可有效减小路堤工后沉降和差异沉降以及路堤工后沉降和差异沉降趋于稳定所需固结时间。

(4)施工过程中,桩墙间距和桩墙弹性模量对固网技术中各评价指标的影响较大,参数影响等级为中到高级;筋材抗拉刚度对路堤沉降和差异沉降的影响较小,而对侧向位移和筋材轴力的影响很大;桩墙宽度对固网技术中各评价指标的影响有限,参数影响等级均为低级。

(5)运营过程中,软黏土弹性模量、桩墙间距和桩墙弹性模量对固网技术中各评价指标都有显著影响;相对于施工过程中,筋材抗拉刚度对路堤沉降和差异沉降的影响有所提高,但对侧向位移的影响显著减小;桩墙宽度对固网技术中各评价指标的影响不大,参数影响等级为低到中级。

9 结论及建议

针对桩承式加筋路堤传统技术中路堤沉降、不均匀沉降和侧向位移大,筋材的强度和刚度未充分发挥、砂石垫层材料及铺设费用大等问题,研发出了一种新型地基处理技术——桩承式加筋路堤固网技术。针对固网技术中设计施工中的若干问题、受力和变形特性以及时效性,主要从理论研究、试验研究和数值模拟3个方面对桩承式加筋路堤固网技术作用机理和工作性状进行了系统研究,得到以下主要结论:

(1)提出了固网技术的具体施工步骤。通过对比分析固网技术与传统技术的结构特性可知,固网技术可有效减小路堤沉降和差异沉降,减小路堤侧向位移,提高桩体荷载传递效率和筋材效率。同时,固网技术有效克服了传统技术中筋材与土体界面摩阻力有限,筋材强度和刚度无法得到充分发挥的缺陷,可通过增大筋材的强度和刚度来提高固网技术的加固效果。

(2)建立了未加筋、传统技术和固网技术3种工况下的二维离散元模型。分析了路堤沉降、桩与桩间土的相对位移、路堤应力分布、筋材变形和颗粒体系接触力链的演化。固网技术工况下拱形区域法向接触力链的主方向表明,该技术可有效限制土颗粒的位移。固网技术减少了荷载通过土拱效应传递到桩体的比例,在本研究中,通过张拉膜效应传递到桩顶的竖向荷载占22%~28%。相对于传统技术,其桩体荷载分担比提高了10%。

(3)通过有限元分析可知,固网技术可有效减小路堤顶面最大沉降和地基表面差异沉降,增大筋材竖向差异变形,提高桩体效率和筋材效率。随着筋材抗拉刚度的增大,固网技术工况下的路堤顶面最大沉降和地基表面差异沉降逐渐减小,筋材最大轴力显著提高。

(4)通过两阶段法分析可知,在一定深度范围内,固网技术可有效减小桩体侧向位移。同时,固网技术工况下的边桩桩身最大弯矩和剪力远大于传统技术工况。工程应用时,应保证桩体满足抗弯和抗剪要求。

(5)路堤填筑初期,固网技术与传统技术两种工况下的桩帽(梁)顶筋材上下表面各监测点土压力增幅均较小;随着路堤填筑高度的增加,筋材上下表面各监测点土压力显著增大;固网技术与传统技术两种工况下的桩间土筋材上下表面各监测点土压力显著增大;随后筋材上下表面各监测点土压力增幅逐渐减小。

(6)随着路堤填筑高度的增加,两种工况下的筋材上下表面桩体效率逐渐增大;当路堤填筑至一定高度时,桩体效率达到最大值。相对于传统技术,固网技术工况下的筋材上表面桩体效率略有减小,而筋材下表面桩体效率显著提高。同时,固网技术工况下的桩体效率达到最大值所需路堤填筑高度显著减小。

(7)路堤填筑初期,固网技术工况下通过桩间土传递的路堤荷载明显大于通过土拱效应和张拉膜效应传递的路堤荷载;随着路堤填筑高度的增加,通过土拱效应和张拉膜效应传递的路堤荷载显著增大,且增幅基本相同。相对于传统技术,固网技术工况下的土拱效应对荷载传递的贡献略有减小,但张拉膜效应对荷载传递的贡献显著增大,桩间土所承担的路堤荷载显著减小。

(8)随着路堤填筑高度的增加,固网技术、传统技术和加筋技术3种工况下的地基沉降和路堤侧向位移逐渐增大。加筋技术工况下的地基沉降明显大于固网技术和传统技术工况。路堤填筑初期,固网技术与传统技术两种工况下的地基沉降和路堤侧向位移相差不大,但随着路堤填筑高度的增加,传统技术工况下的地基沉降和路堤侧向位移增幅明显大于固网技术工况。

(9)针对固网技术受力特性,提出了筋材设计验算简化方法。同时,分析了固网技术中筋材-桩体-桩间土在路堤荷载作用下的荷载传递机理。根据位移和应力连续条件,将路堤填料和加固区视为整体考虑,将筋材视为具有一定刚度的薄板,基于大挠度薄板理论模拟筋材的挠曲变形,并考虑了土拱效应和桩土相互作用,建立了路堤荷载作用下桩承式加筋路堤固网技术桩帽和桩梁两种工况下受力模型。同时,考虑到加固区土层分布的复杂性,采用有限差分法进行编程计算,提出了固网技术的理论计算方法。研究结果表明,本书计算方法的计算结果与现场试验监测数据较为接近,证明了本书计算方法的合理性。

(10)固网技术建模时,将筋材直接铺设于桩顶,筋材与桩在桩顶处共节点模拟固定连接体系。对比分析了数值模拟计算结果与现场试验监测得到的桩间地基沉降、距路堤坡脚1.0m处地基侧向位移和桩体效率,结果表明数值模拟结果与现场试验监测数据均较为吻合,证明了数值建模的合理性。

(11)相对于传统技术,固网技术可有效减小路堤沉降和侧向位移,提高桩体效率和筋材效率。同时,固网技术工况下的桩顶侧向位移变化曲线比传统技术工况规则,相邻桩间侧向位移增幅差异不大,说明固网技术可有效减小桩顶侧向位移,提高路堤整体性。

(12)当地基土弹性模量较小时,固网技术工况下的路堤最大沉降和坡脚处侧向位移远小于传统技术工况。随着地基土弹性模量的增大,两种工况下的路堤最大沉降和坡脚处侧向位移差值逐渐减小。相对于传统技术,固网技术更适用于软弱土条件下地基加固。

筋材抗拉刚度对固网技术与传统技术两种工况下的路堤最大沉降的影响均不大,但对路堤侧向位移的影响较显著。随着筋材抗拉刚度的增大,两种工况下的路堤侧向位移逐渐减小。同时,随着筋材抗拉刚度的增大,两种工况下的筋材最大轴力逐渐增大,且两者差值也逐渐增大。

当交通荷载较小时,固网技术与传统技术两种工况下的路堤最大沉降和坡脚处侧向位移相差不大,随着交通荷载的增大,传统技术工况下的路堤最大沉降和坡脚处侧向位移增幅明显大于固网技术工况。相对于传统技术,固网技术更适用于重载交通荷载条件下的地基加固。

(13)根据成本分析可知,相对于传统技术,固网技术工程总成本增幅较小,增加成本主要体现在材料费方面,但其作用效果显著,经济高效。

(14)路堤填筑过程中,随着路堤填筑高度的增加,传统技术工况下的超孔隙水压力增速明显大于固网技术工况;路堤填筑完毕后一定时间内,传统技术工况下的超孔隙水压力消散速度大于固网技术工况,随后两种工况下的超孔隙水压力消散速度基本相同。

(15)路堤填筑过程中,随着路堤填筑高度的增加,路堤坡脚处侧向位移逐渐增大;路堤填筑完毕后,随着时间的增加,路堤坡脚处侧向位移略有减小。相对于传统技术工况,固网技术工况可有效减小工后侧向位移,提高运营期间路堤整体稳定性。同时,固网技术可有效减小路堤工后沉降和差异沉降以及路堤工后沉降和差异沉降趋于稳定所需固结时间。

(16)施工过程中,桩墙间距和桩墙弹性模量对固网技术中各评价指标的影响较大,参数影响等级为中到高级;筋材抗拉刚度对路堤沉降和差异沉降的影响较小,而对侧向位移和筋材轴力的影响很大;桩墙宽度对固网技术中各评价指标的影响有限,参数影响等级均为低级。

运营过程中,软黏土弹性模量、桩墙间距和桩墙弹性模量对固网技术中各评价指标都有显著影响;与施工过程相比,筋材抗拉刚度对路堤沉降和差异沉降的影响有所提高,但对侧向位移的影响显著减小;桩墙宽度对固网技术中各评价指标的影响不大,参数影响等级为低到中级。

参考文献

[1] Han J,Gabr M A. A numerical study of load transfer mechanisms in geosynthetic reinforced and pile supported embankments over soft soil [J]. Journal of Geotechnical and Geoenvironmental Engineering,2002,128(1):44-53.

[2] Zheng J J,Chen B G,Abusharar S W. The performance of an embankment on soft ground reinforced with geosynthetics and pile walls [J]. Geosynthetics International, 2009, 16 (3):171-181.

[3] Almeida M S S,Ehrlich M,Spotti A P,et al. Embankment supported on piles with biaxial geogrids[J]. Proceedings of the Institution of Civil Engineers-Geotechnical Engineering, 2007,160 (4):185-192.

[4] Chen B G, Zheng J J, Abusharar S W. Theoretical study and numerical analysis on geosynthetic reinforced and pile wall supported embankment [C]. Proceeding of the 4th Asian Regional Conference on Geosynthetics. Shanghai,2008:709-717.

[5] Hewlett W J,Randolph M F. Analysis of piled embankment[J]. Ground Engineering,1988, 21(3):12-18.

[6] Robert M K. Emerging and future developments of selected geosynthetic applications[J]. Journal of Geotechnical and Geoenvironmental Engineering,2000,126(4):293-306.

[7] Wood H, Horgan G, Pedley M. A63 Selby bypass-design and construction of a 1.6 km geosynthetic reinforced piled embankment [C]. Proc. Euro Geo3, Geosynthetic Conference, Munich,Germany,2004.

[8] Wachman G S,Biolzi L,Labuz J F. Structural behavior of a pile-supported embankment[J]. Journal of Geotechnical and Geoenvironmental Engineering,2010,136(1):26-37.

[9] Lin K Q,Wong I H. Use of deep cement mixing to reduce settlements at bridge approaches [J].Journal of Geotechnical and Geoenvironmental Engineering,1999,125 (4):309-320.

[10] 徐林荣,牛建东,吕大伟. 软基路堤桩-网复合地基试验研究[J]. 岩土力学,2007,28 (10):2149-2154.

[11] Chen R P,Xu Z Z,Chen Y M,et al. Field tests on pile-supported embankment over soft ground[J]. Journal of Geotechnical and Geoenvironmental Engineering, 2010, 136(6): 777-785.

[12] Reid W M,Buchanan N W. Bridge approach support piling[C]. Proc. of Conf. on Piling and Ground Treatment. Thomas Telford,London,1984.

[13] Jones C J F P, Lawson C R, Ayres D J. Geotextile reinforced piles embankment [C]. Proceedings, 5th International Conference on Geotextiles, Geomembrane, and Related

Products,1990.

[14] Card G B, Carter G R. Case history of a piled embankment in London's Docklands[J]. Engineering Geology Special Publication,1995,10: 79-84.

[15] Topolnicki M. Case history of a geogrid-reinforced embankment supported on vibro concrete columns[C]. Proceedings, Geosynthetics: Applications, Design and Construction, De Groot, De Hoedt, and Termaat,1996.

[16] Liu H L, Chu J, Deng A. Use of large-diameter cast-in situ concrete pipe piles for embankment over soft clay[J]. Canadian Geotechnical Journal,2009,46(8): 915-927.

[17] 夏唐代,王梅,寿旋. 筒桩桩承式加筋路堤现场试验研究[J]. 岩石力学与工程学报,2010,29(9): 1929-1936.

[18] 郑俊杰,张军,马强. 路桥过渡段桩承式加筋路堤现场试验研究[J]. 岩土工程学报,2012,34(2): 335-362.

[19] 郑俊杰,曹文昭,董同新,等. 中低压缩性土地区桩承式加筋路堤现场试验研究[J].岩土工程学报,2015,37(9): 1549-1555.

[20] 陈庚,陈永辉,徐锴,等. 桩承式加筋路堤土拱效应现场试验[J].长安大学学报(自然科学版),2016,36(4): 41-47.

[21] Lu W , Miao L , Wang F , et al. A case study on geogrid-reinforced and pile-supported widened highway embankment[J]. Geosynthetics International, 2019, 27(3):1-24.

[22] Terzaghi K. Stress distribution in dry and in saturated sand above a yielding trap-door[J]. In: Proc. 1st Int. Conf. Soil Mechanics. Harvard University,Cambridge,1936: 307-311.

[23] Hewlett W J,Randolph M F. Analysis of piled embankment[J]. Ground Engineering,1988,21(3): 12-18.

[24] Jones C J F P,Lawson C R,Ayres D J. Geotextile reinforced piles embankment. Proceedings [C]. 5th International Conference on Geotextiles, Geomembrane, and Related Products,1990: 155-160.

[25] 饶为国,赵成刚. 桩-网复合地基应力比分析与计算[J]. 土木工程学报,2002,35(2): 74-80.

[26] 刘吉福. 路堤下复合地基桩、土应力比分析[J]. 岩石力学与工程学报,2003,22(4): 674-677.

[27] 陈云敏,贾宁,陈仁朋. 桩承式路堤土拱效应分析[J]. 中国公路学报,2004,17(4): 1-6.

[28] 曹卫平,陈仁朋,陈云敏. 桩承式加筋路堤桩体荷载分担比计算[J]. 中国公路学报,2006,19(6): 1-6.

[29] 陈福全,李阿池. 桩承式加筋路堤的改进设计方法研究[J]. 岩土工程学报,2007,29(12): 1804-1808.

[30] 郑俊杰,陈保国,Abusharar S W,等. 双向增强体复合地基桩土应力比分析[J]. 华中科技大学学报(自然科学版),2007,35(7): 110-113.

[31] Chen R P,Chen Y M,Han J,et al. A theoretical solution for pile-supported embankments

on soft soils under one-dimensional compression[J]. Canadian Geotechnical Journal, 2008, 45(5): 611-623.

[32] Abusharar S W, Zheng J J, Chen B G, et al. A simplified method for analysis of a piled embankment reinforced with geosynthetics[J]. Geotextiles and Geomembranes, 2009, 27(1): 39-52.

[33] Jones B M, Plaut R H, Filz G M. Analysis of geosynthetic reinforcement in pile-supported embankment. Part I: 3D plate model[J]. Geosynthetics International, 2009, 17(2): 59-67.

[34] Halvordson K A, Plaut R H, Filz G M. Analysis of geosynthetic reinforcement in pile-supported embankment. Part II: 3D cable-net model[J]. Geosynthetics International, 2009, 17(2): 68-76.

[35] Plaut R H, Filz G M. Analysis of geosynthetic reinforcement in pile-supported embankment. Part III: Axisymmetric model[J]. Geosynthetics International, 2009, 17(2): 77-85.

[36] 赵明华,刘敦平,张玲. 双向增强体复合地基桩土应力比计算[J]. 工程力学,2009,26(2): 176-181.

[37] 陈昌富,周志军. 双向增强体复合地基桩土应力比分析[J]. 岩土力学,2009,30(9): 2660-2666.

[38] Ded K. A mathematic model to study the soil arching effect in stone column-supported embankment resting on soft foundation soil[J]. Applied Mathematical Modelling, 2010, 34(12): 3871-3883.

[39] 张军,郑俊杰,马强. 桩承式加筋路堤荷载分担比计算方法[J]. 浙江大学学报(工学版),2010,44(10): 1950-1954.

[40] 张军,郑俊杰,马强. 路堤荷载下双向增强体复合地基受力机理研究[J]. 岩土工程学报,2010,29 (9): 1392-1398.

[41] 赵明华,孙建兵,张永杰. 基于 Winkler 模型的双向增强体复合地基沉降计算[J]. 岩土力学,2010,31(11): 3459-3463.

[42] Van Eekelen S J M, Bezuijen A, Van Tol A F. Analysis and modification of the British Standard BS8006 for the design of piled embankments[J]. Geotextiles and Geomembranes, 2011, 29 (3): 345-359.

[43] 俞缙,周亦涛,鲍胜,等. 柔性桩承式加筋路堤桩土应力比分析[J]. 岩土工程学报,2011,33(5): 705-713.

[44] 马强,郑俊杰,张军. 考虑桩间土支撑的桩承式加筋路堤受力分析与计算[J]. 华中科技大学学报(自然科学版),2011,39(3): 30-33.

[45] 费康,王军军,陈毅. 桩承式加筋路堤土拱效应简化分析方法[J]. 岩土力学,2012,33(8): 2408-2414.

[46] 夏元友,芮瑞. 刚性桩加固软土路基竖向土拱效应的试验研究[J]. 岩土工程学报,2006,28(3): 327-331.

[47] 刘俊新,谢强,文江泉,等. 粉喷桩-土工格栅复合地基应力现场测试研究[J]. 岩土力学,2007,28(2): 376-380.

[48] 徐正中,陈仁朋,陈云敏. 软土层未打穿的桩承式路堤现场实测研究[J]. 岩石力学与工程学报,2009,28(11):2336-2341.

[49] 连峰,龚晓南,崔诗才,等. 桩-网复合地基承载性状现场试验研究[J]. 岩土力学,2009,30(4):1057-1062.

[50] Briancon L,Simon B. Performance of pile-supported embankment over soft soil: full-scale experiment[J]. Journal of Geotechnical and Geoenvironmental Engineering,2012,138(4):551-561.

[51] Liu S Y,Du Y J,Yi Y L,et al. Field investigations on performance of T-shaped deep mixed soil cement column-supported embankments over soft ground[J]. Journal of Geotechnical and Geoenvironmental Engineering,2012,138(6):718-727.

[52] Low B K,Tang S K,Choa V. Arching in piled embankments[J]. Journal of Geotechnical Engineering,1993,120(11):1917-1938.

[53] Young I O, Eun C S. Reinforcemetn and arching effect of geogrid-reinforced and pile-supported embankment on marine soft ground[J]. Marine Georesources & Geotechnology,2007,25(2):97-118.

[54] Chen Y M,Cao W P,Chen R P. An experimental investigation of soil arching within basal reinforced and unreinforced piled embankments[J]. Geotextiles and Geomembranes,2008,26(2):164-174.

[55] 崔溦,闫澍旺. 水泥桩联合土工格栅复合地基的离心模型试验研究[J]. 岩土力学,2008,29(5):1315-1319.

[56] 张良,罗强,裴富营,等. 基于离心模型试验的桩帽网结构路基桩端持力层效应研究[J]. 岩土工程学报,2009,31(8):1192-1199.

[57] 李华明,蒋关鲁,刘先峰. CFG 桩加固饱和粉土地基的动力特性试验研究[J]. 岩土力学,2010,31(5):1550-1554.

[58] 王长丹,王炳龙,王旭,等. 湿陷性黄土桩网复合地基沉降控制离心模型试验[J]. 铁道学报,2011,33(4):84-92.

[59] 蔡德钩,闫宏业,叶阳升,等. 桩网支承路基结构中土拱效应及网垫受力的模型试验研究[J]. 铁道学报,2011,33(11):85-92.

[60] Van Eekelen S J M, Bezuijen A, Lodder H J, et al. Model experiments on piled embankments. Part I[J]. Geotextiles and Geomembranes,2012,32:69-81.

[61] Van Eekelen S J M, Bezuijen A, Lodder H J, et al. Model experiments on piled embankments. Part II[J]. Geotextiles and Geomembranes,2012,32:81-94.

[62] 费康,陈毅,王军军. 加筋形式对桩承式路堤工作性状影响的试验研究[J]. 岩土工程学报,2012.

[63] Liu H L,Ng C W W,Fei K. Performance of a geogrid-reinforced and pile-supported highway embankment over soft clay: case study[J]. Journal of Geotechnical and Geoenvironmental Engineering,2007,133(12):1483-1493.

[64] 陈仁朋,徐正中,陈云敏. 桩承式加筋路堤关键问题研究[J]. 中国公路学报,2007,20

(2):7-12.

[65] 芮瑞,夏元友. 桩-网复合地基与桩承式路堤的对比数值模拟[J]. 岩土工程学报,2007,29(5):769-772.

[66] Huang J,Han J. 3D coupled mechanical and hydraulic modeling of a geosynthetic-reinforced deep mixed column-supported embankment[J]. Geotextiles and Geomembranes,2009,27(4):272-280.

[67] Huang J,Han J,Oztoprak S. Coupled mechanical and hydraulic modeling of geosynthetic-reinforced column-supported embankments [J]. Journal of Geotechnical and Geoenvironmental Engineering,2009,135 (8):1011-1021.

[68] Le Hello B,Villard P.Embankments reinforced by piles and geosynthetics-numerical and experimental studies dealing with the transfer of load on the soil embankment [J]. Engineering Geology,2009,106(1-2):78-91.

[69] Jenck O,Dias D,Kastner R. Discrete element modelling of a granular platform supported by piles in soft soil-validation on a small scale model test and comparison to a numerical analysis in a continuum[J]. Computers and Geotechnics,2009,36(6):917-927.

[70] 郑刚,纪颖波,刘双菊,等. 桩顶预留净空或可压缩垫块的桩承式路堤沉降控制机理研究[J].土木工程学报,2009,42(5):125-132.

[71] Sandiford R E,Law S,Roscoe G. Application of geosynthetics in the construction of an overrun area at La Guardia airport[J]. Geotextiles and Geomembranes,1996,14(3):193-200.

[72] Eskisar T,Otani J,Hironaka J. Visualization of soil arching on reinforced embankment with rigid pile foundation using X-ray CT[J]. Geotextiles and Geomembranes,2012,32,44-52.

[73] Han J,Bhandari A,Wang F. DEM analysis of stresses and deformations of geogrid-reinforced embankments over piles[J]. International Journal of Geomechanics,2012,12(4):440-350.

[74] 杨广庆,李广信,张保俭. 土工格栅界面摩擦特性试验研究[J]. 岩土工程学报,2006,28(8):948-952.

[75] 刘观仕,孔令伟,李雄威. 高速公路软土路基拓宽粉喷桩处治方案分析与验证[J]. 岩石力学与工程学报,2008,27(2):309-315.

[76] 费康,刘汉龙. 桩承式加筋路堤的现场试验及数值分析[J]. 岩土力学,2009,30(4):1005-1012.

[77] 张军,郑俊杰,马强,等. 桩承式加筋路堤固网技术侧向位移影响分析[J]. 华中科技大学学报(自然科学版),2012,40(1):63-66.

[78] 刘汉龙,费康,马晓辉,等. 振动沉模大直径现浇薄壁管桩技术及其应用(Ⅰ):开发研制与设计[J]. 岩土力学,2003,24(2):164-168.

[79] 刘汉龙,郝小员,费康,等. 振动沉模大直径现浇薄壁管桩技术及其应用(Ⅱ):工程应用与试验[J]. 岩土力学,2003,24(3):372-375.

[80] Xu X T,Liu H L,Lehane B M. Pipe pile installation effects in soft clay[J]. Proceedings of the Institution of Civil Engineers-Geotechnical Engineering,2006,159(4):285-296.

[81] 刘汉龙,张建伟,彭劼. PCC 桩水平承载特性足尺模型试验研究[J]. 岩土工程学报,2009,31(2):161-165.

[82] 刘松玉,席培胜,储海岩. 双向水泥土搅拌桩加固软土地基试验研究[J]. 岩土力学,2007,28(3):560-564.

[83] 刘松玉,易耀林,朱志铎. 双向搅拌桩加固高速公路软土地基现场对比试验研究[J]. 岩石力学与工程学报,2008,27(11):2272-2280.

[84] 刘松玉,朱志铎,席培胜,等. 钉形搅拌桩与常规搅拌桩加固软土地基的对比研究[J]. 岩土工程学报,2009,31(7):1059-1068.

[85] 刘松玉,易耀林,杜延军,等. 变径搅拌桩处理成层软弱地基的现场试验[J]. 中国公路学报,2012,25(2):1-8.

[86] 马骥,张东刚,张震,等. 长短桩复合地基设计技术[J]. 岩土工程技术,2001(2):86-91.

[87] 杨敏,杨桦,王伟. 长短桩组合桩基础设计思想及其变形特性分析[J]. 土木工程学报,2005,38(12):103-108.

[88] Liang F Y, Chen L Z, Han J. Integral equation method for analysis of piled rafts with dissimilar piles under vertical loading[J]. Computers and Geotechnics, 2009, 36(3): 419-426.

[89] 黄茂松,李波,程岳. 长短组合路堤桩荷载分担规律离心模型试验与数值模拟[J]. 岩石力学与工程学报,2010,29(12):2543-2550.

[90] Dong Y L, Han J, Bai X H. Numerical analysis of tensile behavior of geogrids with rectangular and triangular apertures[J]. Geotextiles and Geomembranes, 2010, 29(2): 83-91.

[91] 马强. 高填方涵洞受力特性及新型格栅减载方法研究[D]. 武汉:华中科技大学,2011.

[92] 董彦莉. 土工格栅加筋砂土的特性研究及加筋垫层的承载力计算[D]. 太原:太原理工大学,2011.

[93] 肖衡林,瑜珞,李丽华. 土工合成材料与砂土界面摩擦特性分析[J]. 人民长江,2012,43(7):56-58.

[94] 赵明华,张玲,邹新军,等. 土工格室碎石桩双向增强复合地基研究进展[J]. 中国公路学报,2009,22(1):1-10.

[95] Zhang L, Zhao M H, Zou X W, et al. Deformation analysis of geocell reinforcement using Winkler model[J]. Computers and Geotechnics, 2009, 36(6): 977-983.

[96] Zhang L, Zhao M H, Shi C J, et al. Bearing capacity of geocell reinforcement in embankment engineering[J]. Geotextiles and Geomembranes, 2010, 28(5): 475-482.

[97] Zhang L, Zhao M H, Zou X W, et al. Analysis of geocell-reinforced mattress with consideration of horizontal-vertical coupling[J]. Computers and Geotechnics, 2010, 37(6): 748-756.

[98] 詹永祥,蒋关鲁,牛国辉,等. 桩板结构路基动力模型试验研究[J]. 岩土力学,2008,29(8):2097-2101.

[99] 陈保国. 山区高速公路涵-土作用机制及路基处理研究[D]. 武汉：华中科技大学,2008.

[100] Lai H J, Zheng J J, Zhang J, et al. DEM analysis of "soil"-arching within geogrid-reinforced and unrein-forced pile-supported embankments [J]. Computers and Geotechnics,2014,61:13-23.

[101] Rothenburg L, Bathurst R J. Analytical study of induced anisotropy in idealized granular materials[J]. Geotechnique,1989,39(4): 601-614.

[102] Huang J , Han J , Oztoprak S . Coupled mechanical and hydraulic modeling of geosynthetic-reinforced column-supported embankments[J]. Journal of Geotechnical & Geoenvironmental Engineering, 2009, 135(8):1011-1021.

[103] Vesic A S. Bending of beams resting on isotropic elastic solids[J]. Journal of Soil Mechanics and Foundation Engineering,1961,87(2): 35-53.

[104] Goh A T C, Teh C I, Wong K S. Analysis of piles subjected to embankment induced lateral soil movements[J]. Journal of Geotechnical and Geoenvironmental Engineering,1997,9: 792-801.

[105] 潘晓东,杜志刚,杨晓光. 桥头跳车对行车安全影响评价指标的研究[J]. 同济大学学报(自然科学版),2006,34(5): 634-637.

[106] Su Y, Zhou J, Zeng Q Y. Application of settlement-based design methodology to pile-foundation for bump at the ends of bridges [J]. Chinese Journal of Geotechnical Engineering,2006,28(1): 68-72.

[107] 羊晔,刘松玉,邓永锋. 软土地基过渡段差异沉降控制标准[J]. 东南大学学报(自然科学版),2008,38(5): 834-838.

[108] Hoppe E J. Guidelines for the use, design, and construction of bridge approach slabs[J]. Design, 1999:22-43.

[109] Skinner G D, Rowe R K. Design and behaviour of a geosynthetic reinforced retaining wall and bridge abutment on a yielding foundation[J]. Geotextiles and Geomembranes,2005, 23 (3),234-260.

[110] 俞永华. 路桥过渡段差异沉降处治技术研究[D]. 西安：长安大学,2005.

[111] 柳东委. 土工格栅在六潜高速公路中处理桥头跳车应用研究[D]. 阜新：辽宁工程技术大学,2009.

[112] Robert M K. Emerging and future developments of selected geosynthetic applications[J]. Journal of Geotechnical and Geoenvironmental Engineering,2000,126(4): 293-306.

[113] 成祥生. 应用板壳理论[M]. 济南：山东科学技术出版社,1989.

[114] 易耀林,刘松玉. 路堤荷载下复合地基沉降计算方法探讨[J]. 工程力学,2009,26(10): 147-153.

[115] 陈祥福. 沉降计算理论及工程实例[M]. 北京：科学出版社,2005.

[116] 钱家欢,殷宗泽. 土工原理与计算[M]. 2版. 北京：中国水利水电出版社,1996.

[117] 史佩栋. 实用桩基工程手册[J]. 北京：中国建筑工业出版社,1999.

[118] 郑俊杰,张军,马强,等. 双向增强体复合地基桩土应力比三维分析[J]. 华中科技大学学报(自然科学版),2010,38(2):83-86.

[119] 徐正中,陈仁朋,陈云敏. 软土层未打穿的桩承式路堤现场实测研究[J]. 岩石力学与工程学报,2009,28(11):2336-2341.

[120] Brinkgreve R B J, Vermeer P A. Finite Element Code for Soil and Rock Analysis[J]. Rotllendan: A. A. Balkema,1998.

[121] Abusharar S W, Han J. Two-dimensional deep-seated slope stability analysis of embankments over stone columns-improved soft clay[J]. Engineering Geology,2011,120(1-4): 103-110.

[122] Shukla S K,Yin J H. Time-dependent settlement analysis of a geosynthetic-reinforced soil [J]. Geosynthetics International,2003; 10(2): 70-76.

[123] Venda Oliveira P J,Pinheiro J L P,Correia A A S. Numerical analysis of an embankment built on soft soil reinforced with deep mixing columns: Parametric study[J]. Computers and Geotechnics,2011,38(4): 566-576.

索　引